NOUVELLES ÉGYPTIENNES

Vivez au temps des pharaons !

Conception graphique : Le Gall & Chassagnard, Paris

Sin al-Fil, Jisr al-Waty
B.P. 55542 Beyrouth, Liban
www.samirediteur.com
ISBN 978-9953-31-254-5

Marwan El-Ahdab

NOUVELLES ÉGYPTIENNES

Vivez au temps des pharaons !

Relecture : Claire Somaglino
Docteur en égyptologie
Maître de conférences à l'UFR d'histoire
Paris-Sorbonne (Paris IV)

samir

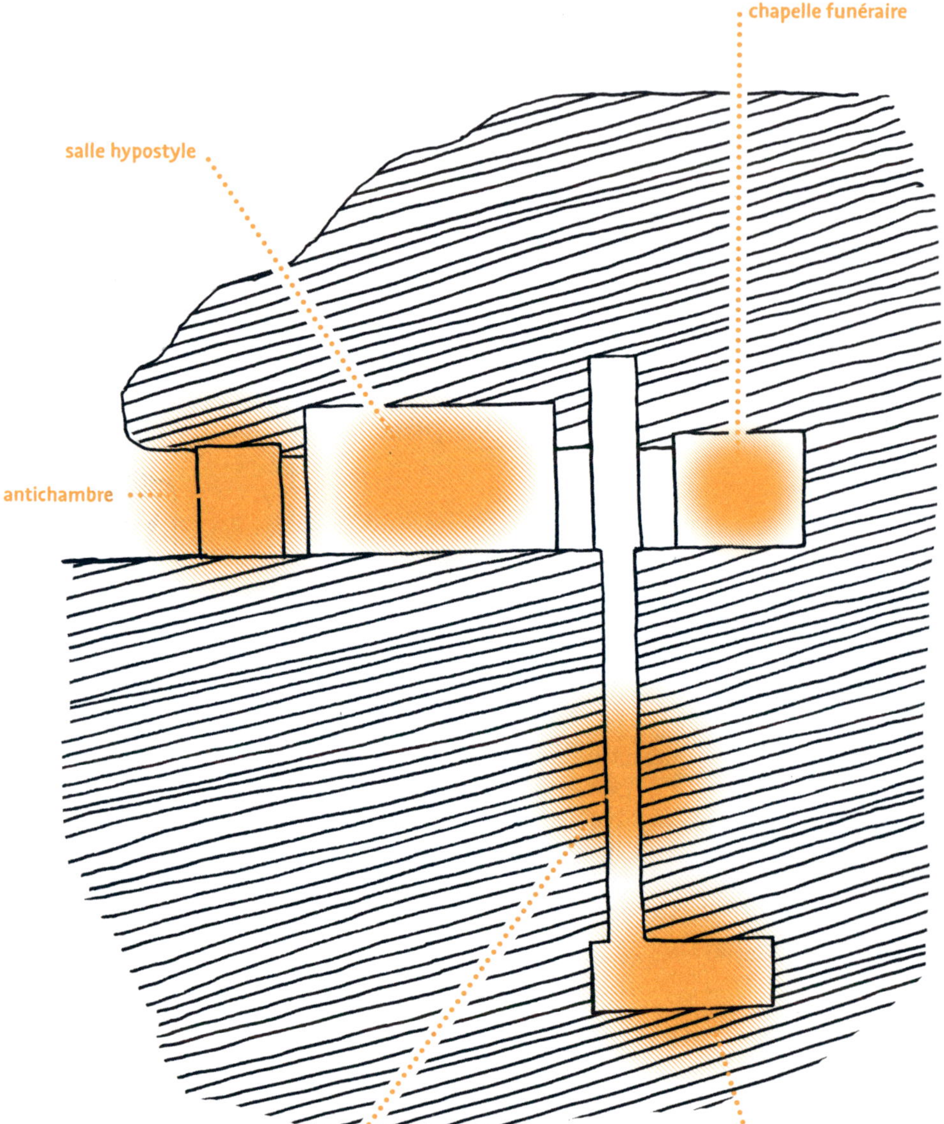
chapelle funéraire
salle hypostyle
antichambre
puits
caveau

hypogée

UN MAUVAIS RÊVE

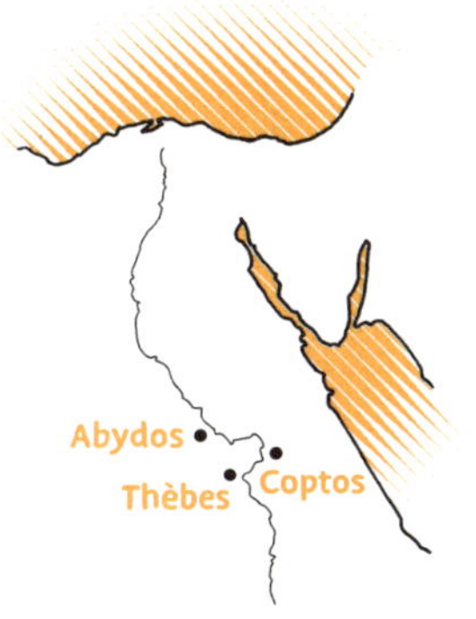

Égypte ancienne

ou

La grande peur d'un noble au soir de son existence

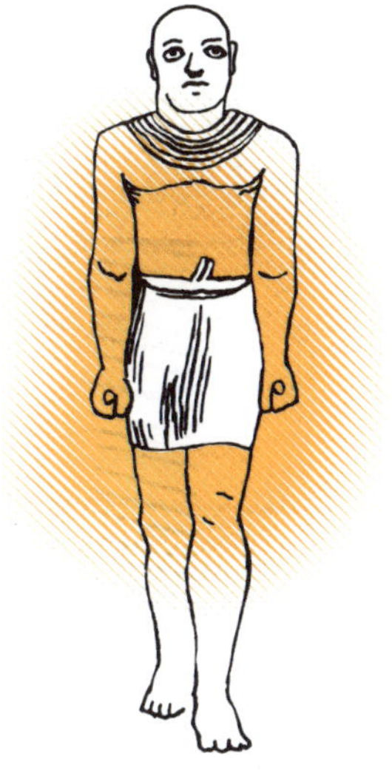
pagne

Thèbes, la nuit, l'orée du désert.

Un homme aux épaules voûtées, pagne de lin autour de la taille, avançait en boitillant sur le sol couvert de cailloux. Le ciel, assombri par la nouvelle lune, projetait sur les dunes son reflet presque noir, rendant le relief incertain. Mais l'homme marchait sans hésiter; il semblait connaître sa route. Dans sa main droite, des sandales de cuir qu'il tenait par leurs lanières, car le marcheur allait nu-pieds; dans sa gauche, un petit panier de jonc dont ses doigts torses entouraient l'anse. Parfois, l'homme jetait des regards inquiets vers les constructions à flanc de montagne: des ombres à peine perceptibles croisaient près de quelques façades; leurs va-et-vient, toujours les mêmes. Elles ne relevaient pas sa présence...

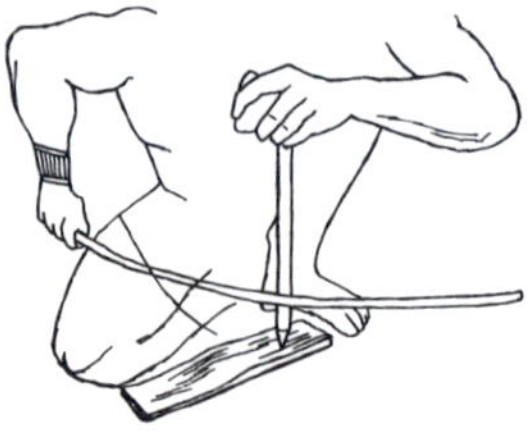

outils pour faire du feu

lampe

Ayant dépassé un muret, l'homme entra dans une petite cour ; au centre se trouvait un bassin qu'entouraient quelques palmiers, tamaris et sycomores. Sur les murs, des stèles couvertes de bas-reliefs semblaient raconter des histoires. Mais l'homme n'eut pas un regard pour elles et il se dirigea au fond ; entre deux colonnes massives se trouvait une porte, dans laquelle il s'engouffra.

Aussitôt il sentit le contact du calcaire froid sous ses pieds.

Maintenant, il faisait noir.

L'homme sembla hésiter un instant, puis il posa ses sandales à terre, son petit panier de jonc et s'assit sur une large dalle. Il noua les lanières des sandales autour de ses chevilles maigres, sortit du petit panier les objets qui s'y trouvaient – une planchette de bois, une baguette au bout effilé, un petit arc, une coupelle ronde en terre cuite qui contenait de l'huile et d'où pendait une mèche de corde – et se mit aussitôt à l'œuvre : le bout pointu de la baguette fut introduit dans une encoche ménagée dans la planche de bois ; grâce à la corde de l'arc entourant d'un nœud la baguette, il put transmettre à cette dernière de vifs mouvements de rotation ; bientôt, le bois s'échauffa et la sciure issue des frottements s'embrasa de proche en proche ; au simple contact de celle-ci, la mèche de la lampe s'enflamma et la pièce sortit brusquement de l'ombre.

Des peintures éclatantes couvraient les murs du sol au plafond.

L'homme eut un mouvement de recul mais il se ressaisit très vite et se leva, bien qu'avec peine, veillant à garder sa lampe droite. Puis il avança lentement le long d'un couloir à colonnes. Au plafond, formes géométriques et motifs végétaux défilaient sous la lueur vacillante de la flamme. À un moment, il approcha la lampe du mur, colla son visage ridé et de tous ses yeux, regarda…

canons de la peinture égyptienne

Akhet, saison de l'inondation, venait juste de prendre fin. De grandes flaques d'eau gisaient par terre mais les paysans s'activaient déjà : panier de graines pendu au cou, le semeur puisait l'orge par poignées et la jetait sur le sol meuble que recouvrait le laboureur, un mancheron de charrue dans une main, dans l'autre un fouet pour faire avancer sa vache.

Notre homme observa les poses convenues, chaque partie figurée du corps – les mains, les épaules, les yeux, vus de face ; le nez, le crâne, les oreilles, de profil – et parut soulagé : le moindre détail était clair ; pas d'ambiguïté possible. Il fit quelques pas en avant, regarda une autre peinture…

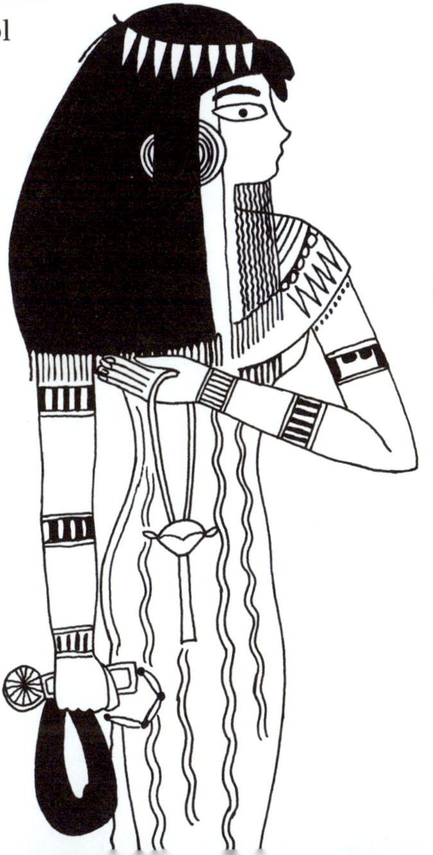

scribe au travail

Les épis avaient maintenant jauni. C'était *peret*, saison de la sortie. Autour des paysans bourdonnait une foule bigarrée : les arpenteurs, avec cordes et piquets, mesuraient la récolte future ; des scribes, calame dans la main droite, écrivaient sur des papyrus qu'ils tenaient de la main gauche ; des enfants bougeaient en tous sens pour effrayer les oiseaux gourmands ; de jeunes servantes donnaient à boire aux fonctionnaires faisant une pause ; partout, des badauds observaient.

Les visages avaient des traits réguliers et un air de famille troublant, mais à y regarder de près, l'expression différait d'un brin entre chacun des personnages : l'artiste avait finement saisi l'essence distinctive de chaque être. Notre homme scruta cela, souffle tranquille, puis il reprit sa marche lente.

Près du puits menant au caveau, il fit encore une pause.

Les paysans étaient en pleine moisson. C'était *chemou*, l'été brûlant, la saison de la récolte. Derrière les hommes courbés, des femmes assemblaient les épis en gerbes, qu'on emportait ensuite sur des brancards jusqu'à l'aire de battage. À l'ombre, le maître surveillait le parfait déroulement des choses ; plus loin, des glaneurs se pressaient pour ramasser des restes d'épis.

Notre homme eut un frémissement : l'un d'eux tenait un filet.

Il s'approcha pour voir le visage… un cri étouffé lui échappa !

Il lâcha sa lampe – elle se brisa –, sentit ses genoux qui flanchaient, se ressaisit tant bien que mal – il suffoquait –, courut comme il put vers l'entrée et disparut vite dans la nuit…

– Son corps est possédé ! Il ne sort plus du lit ! Il est comme fou ! dit Taouseret.

Ahmès observa la vieille femme qui venait de parler d'une traite. Sa mise était impeccable : longue robe blanche, bracelets d'or, perruque ceinte d'un diadème d'argent, colliers de perles. Mais le visage était livide ; la mâchoire inférieure tremblait.

– Ne crains rien, Taouseret, je suis là. Attends-moi à l'ombre du kiosque.

Le médecin poussa aussitôt la porte et fut dans la chambre du noble : partout, des meubles en bois ouvragés, des coffrets de nacre et d'ivoire. Il avança vers le grand lit – les pieds figuraient ceux d'un lion –, s'assit au chevet du malade : il gisait sur le dos, la sueur au front, les yeux ouverts, hallucinés.

– Minnakht… Minnakht… tu m'entends ?

Le regard resta immobile mais les lèvres bougèrent :

– La plume… Mon cœur… Il est trop lourd…

Ahmès redoubla d'attention.

robe pour femme
de haut rang

Anubis, dieu des embaumeurs

Ammout, dévoreuse des morts

– La balance penche... Anubis... Non! Je ne suis pas juste de voix... Non! Ammout... Ne me dévore pas... je t'en prie!

Un spasme avait soulevé son corps avant qu'il ne retombe, inerte.

Le médecin n'avait pas bougé.

Il posa près de lui le sac en palmes qu'il portait en bandoulière, en retira quelques objets – une fiole contenant du lait, un sachet de pavots broyés, une boîte remplie de fientes de mouches – et se mit aussitôt à l'œuvre: le pavot fut mélangé au lait qui fut ensuite saupoudré de fientes, le tout bien agité.

Il prononça quelques paroles, lentement, distinctement, puis se pencha vers le malade, inclina sa tête avec soin et lui fit boire toute la mixture, attendant qu'il ait dégluti.

Il remit la fiole dans le sac, en retira un long collier – le pendentif d'argent, cornalines, turquoises, figurait un œil.

L'amulette fut mise au cou du malade.

Le médecin sortit aussitôt.

œil Oudjat (du dieu Horus)

Bès, dieu protecteur du foyer

– Il dort. Bès protège son sommeil.

Taouseret se sentit un peu mieux.

– T'a-t-il paru inquiet ces derniers temps ?

Une brise tiède caressait les saules dont les branches ombrageaient le kiosque. Sycomores, grenadiers, figuiers frémissaient dans les allées claires. Elle laissa son regard se perdre sur l'onde du bassin en briques où somnolaient les nénuphars.

– Hier, tout avait bien commencé…

Ahmès se cala dans son siège.

– Nous étions là pour son réveil, Montoumès et moi-même. Ptahhotep, son frère de Coptos, était venu lui faire la surprise. Minnakht semblait bien détendu. Il avait les joues roses, l'œil paisible – tu sais comme il aime dormir – et si ce n'est sa maudite jambe droite qui lui fait de plus en plus de misères, il s'est levé d'un pied agile pour effectuer ses ablutions. Barbier, manucure, pédicure, il était parfaitement serein, réglait les affaires courantes, faisait la dictée aux scribes. Tout juste pouvait-on sentir… peut-être… un peu d'empressement dans sa voix. Hier était son jour de chasse, et tu sais comme il aime chasser…

Taouseret parut soucieuse, comme si ses propres mots l'avaient troublée.

– Ce n'est qu'ensuite qu'il fut étrange…

Ahmès l'observait, silencieux.

fleurs de lotus

– Nous avions des amis à déjeuner. Les grillades d'oies, de canards, de pigeons fumaient à peine dans les plats d'albâtre. Les liqueurs dans les jarres avaient un peu tiédi. Les servantes dénudées venaient de circuler, distribuant les fleurs de lotus à la ronde. Brusquement, le harpiste lance : « Ô toi, Minnakht, meilleur de tous les hôtes, bois ta coupe en entier ! Fais honneur à la vigne ! Soûle-toi à satiété ! Car le temps des plaisirs sur cette terre t'est compté et il approche, le jour d'aborder l'autre rive… » Aussitôt on crie de partout, on réclame plus du vin, on saisit les viandes à pleines mains. Mais personne, sauf moi, ne remarque : son visage est devenu blême et sur sa tête, le cône de parfum a tremblé…

Ahmès plissa les yeux.

– Plus tard, ce fut l'un des chanteurs qui livra sa louange… Saisissant une pomme sur une pyramide de fruits, il lance à tue-tête : « Ô Minnakht, toi qui n'es que bonté, courage et équité, ne doute pas de rejoindre le pays d'éternité, car ta vie ici-bas fut toujours exemplaire ! » Les convives applaudissent. Je le regarde et là…

Taouseret devint muette.

Minnakht était debout, sous le porche à colonnes, la main droite serrant l'amulette.

cône de parfum

Les roseaux bruissaient maintenant sous le vent. Sur les berges tranquilles, les palmiers frémissaient en chœur. Tout autour s'étendaient les flaques, bordées de papyrus où pépiaient les oiseaux. Parfois, une mince silhouette féline glissait entre les tiges, et des plumes s'élevaient…

Le médecin et le noble marchaient côte à côte ; ce dernier serrait toujours l'amulette.

– Qu'est-il arrivé à la chasse ?

Minnakht regardait dans le vague, étranger à ce monde de paix.

– Les autres étaient partis avec leurs grands

papyrus

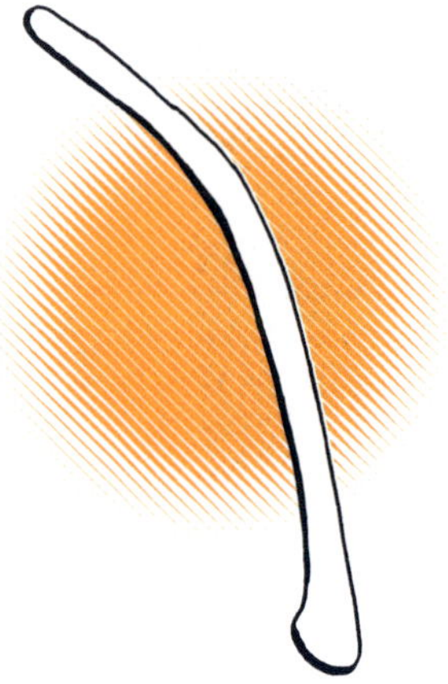

boomerang

filets, leurs harpons et leurs cordes pour vaincre l'hippopotame. Je voulais être seul... Les marais sont si beaux... Et les épreuves de force ne sont plus de mon âge...

Il semblait chercher les mots justes.

– Le soleil irisait les feuilles. Mon canot dérivait sur l'onde. À l'avant, mon oie appelait les proies, ne faisant que de courtes pauses. J'avais le boomerang en main, prêt à lancer au moindre signe... Lorsque je crus voir un canard, je jetai l'arme sans réfléchir, mais tout brillait autour de moi, les couleurs se mêlaient sans cesse... J'entendis un bruit sourd, comme la chute d'un objet très lourd... Je sautai aussitôt dans l'eau, j'avançai à grand-peine... Entre les branches, je vis une barque, un filet posé sur la proue... Le pêcheur gisait là, inerte, son pagne maculé de sang, le crâne brisé par mon boomerang...

Minnakht avait les yeux hagards.

– Ce sont là des choses qui arrivent, fit Ahmès. Mais toi, qu'as-tu fait ?

Le médecin l'observait, impassible.

– Très vite, je conduis la barque là où le fleuve est plus profond, je jette le corps par-dessus bord et les crocodiles le dévorent...

– Alors tu n'as plus rien à craindre, trancha le médecin, sûr de lui.

Mais les traits du noble se crispèrent.

– Je le croyais, mais... la journée, les idées les

plus folles me viennent… Au déjeuner, elles me taraudent… Quand vient le soir, je n'en peux plus… À peine la maison endormie, je sors de chez moi, cours au désert, échappe aux *Medjaÿ* qui surveillent, entre dans ma tombe et là, c'est le choc : sur un mur je vois le pêcheur, son visage est furieux, horrible ! Il va se venger, je le sais… Je suis damné pour l'éternité !

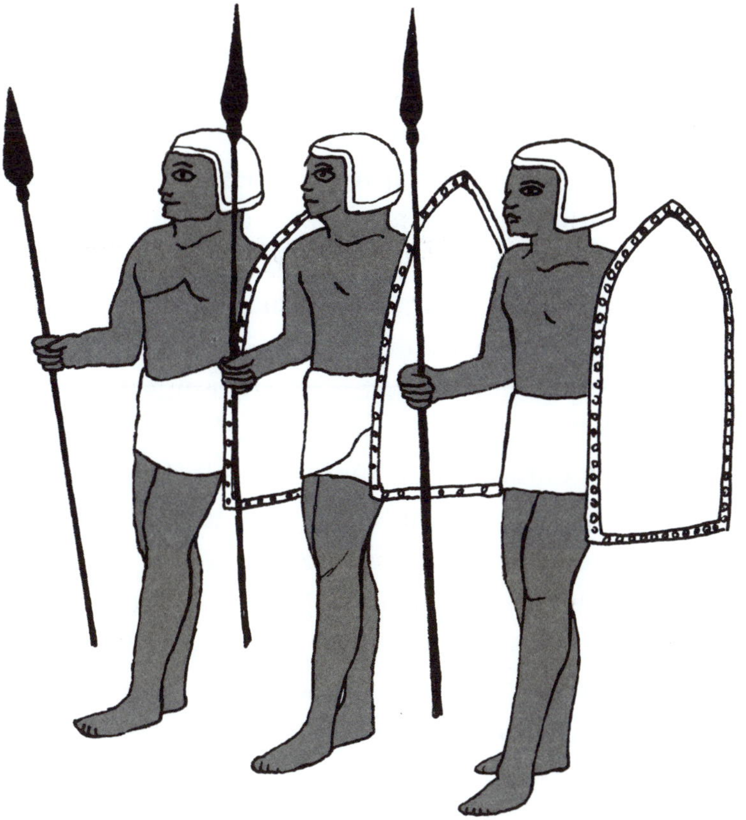

***Medjaÿ*, policiers du désert**

Osiris, dieu des morts

Thot, greffier des dieux

Maât, déesse de la justice

L'émotion le faisait trembler.

– Et le soir, quel fut ton rêve ?

Le médecin était parfaitement serein.

Minnakht en fut surpris, s'apaisa quelque peu.

– Quand je finis par m'endormir, Anubis m'apparaît soudain, me conduit dans la salle des deux vérités... Osiris est là, sur son trône, avec Thot et les assesseurs... Je les salue, leur conte ma vie, mes bonnes actions, je me défends, je crois bien faire... On pose mon cœur sur un plateau, sur l'autre, la plume de Maât... Anubis arrête la balance : le fléau penche d'un côté... Je ne comprends pas... Thot enregistre, les juges assènent : « Minnakht, tu n'es pas juste de voix ! » Je veux parler, expliquer, convaincre... Mais c'est trop tard, Ammout surgit, elle mange mon cœur... Mon âme précieuse, mon *bâ* a peur ! Je ne pourrai plus revivre encore... Le royaume des morts m'est fermé !

Ahmès regarda fixement le noble, lequel attendait qu'il s'exprime, désespéré, le souffle court. Mais en réponse, le médecin posa sa main sur l'épaule frêle de son ami, et il eut un léger sourire.

– Voyons Minnakht, tu sais bien que ce rêve n'est rien et que je connais les formules pour qu'Isis le rende impuissant.

L'autre l'observait, interdit.

– Quant au visage de l'homme sur le mur de ta tombe, une simple retouche lui donnera la

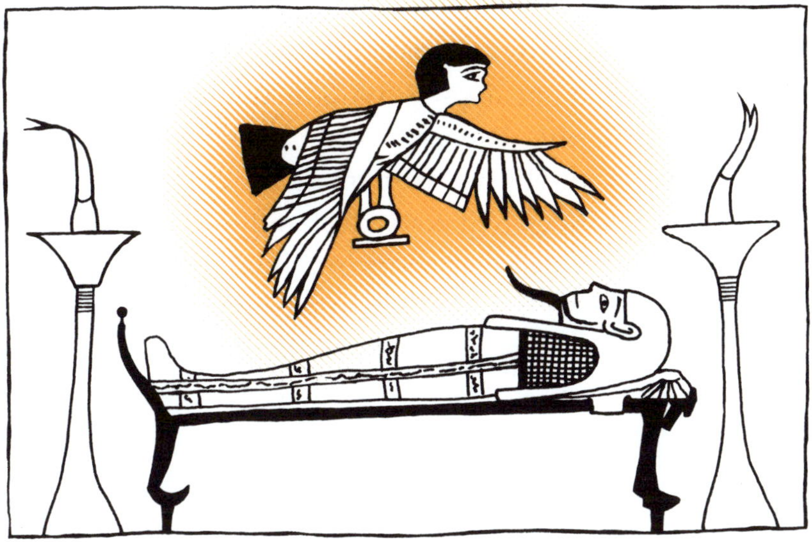

bâ, âme du mort

tournure qui sied aux figures destinées à la vie éternelle.

Le médecin fit une courte pause ; son sourire devint plus marqué.

– Ta peur a une autre raison, somme toute bien naturelle : tu crains simplement de mourir… et c'est là sentiment normal, tu n'es plus dans ta prime jeunesse. Tout homme qui voit la fin approcher est saisi par la même frayeur.

Le noble devint brusquement songeur ; ses muscles se détendirent un peu.

– Mais tu n'as pas à craindre l'avenir, continua l'autre. Ta vie fut la perfection même : au pauvre, tu as donné le pain, tu as été juste envers le faible, jamais tu n'as tenté de prendre ce qui ne t'appartenait pas, ni n'as prétendu être un autre. Pour avoir servi Son domaine, Pharaon Vie, Santé, Force t'a récompensé bien des fois. As-tu oublié les colliers et les coupes jetés de Son balcon ? Et toute ta famille réunie, devant l'entrée de ta demeure, attendant avec hâte ton retour pour fêter cet honneur insigne ? Qui plus est, tu as fait le voyage d'Abydos, tu as effectué toutes les offrandes, tes péchés sont donc effacés, le royaume d'Osiris est à toi... Tu seras homme, plante, bête, qui tu veux, changeras de forme à volonté, pourras voler jusqu'aux planètes, jusqu'aux étoiles, jusqu'aux confins de l'Univers, choisiras seul ta destinée. Tu seras toute la création.

Minnakht le fixa, hésitant.

– Que ferais-je sans toi, Ahmès...

Il venait de lâcher ces mots comme on souffle de soulagement.

Aussitôt reparurent l'onde calme, les branches qui frémissent sous le vent, les oiseaux jouant dans l'azur, ce fleuve de beauté et de paix qu'il avait failli oublier.

hiéroglyphes signifiant « Pharaon »

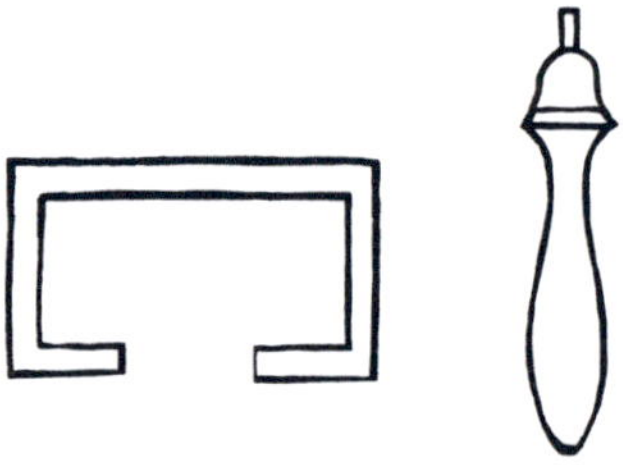

per (maison) *âa* (grande)

Isis

RICHE À JAMAIS

ou

La soif des pilleurs de tombes

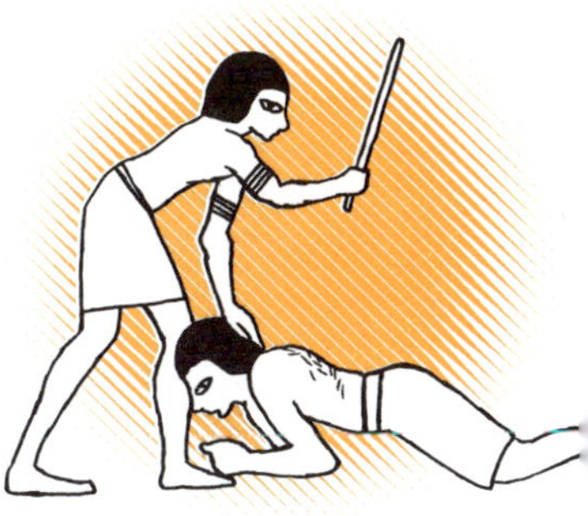

bastonnade

– AAAAHHH!

Le bourreau releva son bâton mais le vizir lui fit un signe et l'homme abaissa le bras aussitôt.

Rahotep gisait à plat ventre par terre, le corps en sueur, le dos en sang.

Dans la grande salle du tribunal, le gouverneur de l'occident de Thèbes, les scribes, les échansons, les hérauts et porte-éventails, tous observaient, la mine sévère, la gorge sèche : le supplicié poussait des râles, le visage recouvert de larmes.

Le vizir attendit un peu que les gémissements diminuent. Il avait une moue lasse.

– Je ne te comprends pas, Rahotep. Deux cents coups de bâtons ne te suffisent-ils pas ? Faut-il qu'on te tranche le nez, une oreille, les deux même ? Je rechigne un peu à le faire. Déjà tu dis ne rien entendre, alors une fois celles-ci tranchées, je serai bien forcé de te croire !

Un rire nerveux courut l'audience.

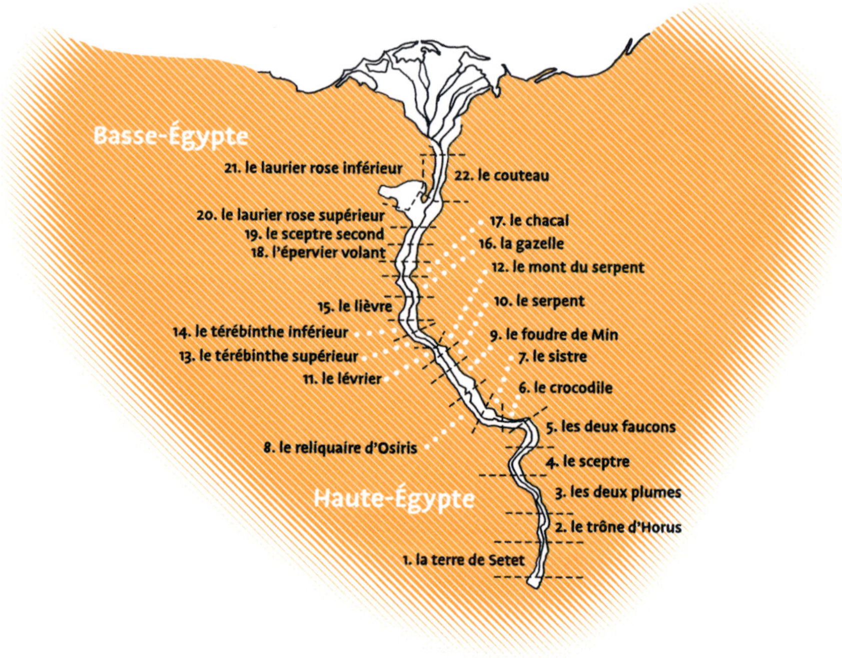

nomes de la Haute-Égypte

Rahotep entendait à peine.

Le vizir ne riait déjà plus.

– Il y a le maçon, le harpiste et toi. Qui d'autre a dépouillé la tombe de ce premier prophète d'Amon ?

Rahotep ne réagit pas.

hiéroglyphes signifiant « *deben* » (91 grammes)

– Que tu fasses partie de la bande, il n'y a plus de doute là-dessus. Tes deux amis t'ont dénoncé avant qu'Ammout ne les dévore. Seul toi possédais la barque pour transporter tout le butin. Qui plus est, où as-tu trouvé la somme pour t'acheter un terrain qui vaut au bas mot un *deben* d'or ? Tu n'es qu'un pauvre batelier !

Les lèvres de Rahotep frémirent.

Le vizir s'approcha un peu.

– Un… héritage… de… de… mon père…

– Tu mens !

Le magistrat avait hurlé, faisant tressaillir l'audience.

– Les archives ne possèdent aucune trace de cela !

Ravalant sa colère avec peine, il se tourna vers le bourreau qui n'eut pas besoin d'autre signe.

– Par Amon… non… fit Rahotep.

Le tortionnaire le souleva, le mit à quatre pattes comme une bête ; le supplicié tremblait.

Chaque coup asséné sur l'échine déclencha des cris redoublés. Les officiels serraient les dents, certains détournant leur regard. Le vizir était impassible.

Amon, dieu de Thèbes

– Pitié…

La plainte fut presque inaudible.

Le bourreau retint son bras ; le magistrat, son souffle.

– Amonnakht… le carrier… lâcha Rahotep, qui s'écroula.

Le bourreau vint pour le relever, mais se figea : Le batelier était mort.

– C'est moi… Ouvre vite…

Heb approcha de sa fenêtre et, dans la lueur glauque du matin, reconnut l'ombre du colosse.

Il ouvrit la porte aussitôt, laissant ce dernier s'engouffrer.

– Ils savent… Ils sont à mes trousses… Rahotep m'a trahi…

Amonnakht était en sueur, résultat d'une course effrénée.

– Personne ne t'a suivi ? fit Heb.

– Je ne crois pas. J'ai grimpé sur le toit dès qu'ils sont arrivés. Les *Medjaÿ* étaient à ma porte. J'ai glissé sur le tronc du palmier et filé par l'arrière…

– Et Khâ, le receleur, tu l'as vu ?

– J'ai couru chez lui en premier, mais sa maison était déserte. Il a dû s'enfuir aujourd'hui… Pourtant, lui, il ne risquait rien, Rahotep ne le connaissait pas… Il n'y a plus que toi et moi, Heb. Aide-moi, il le faut, je t'en prie ! Les *Medjaÿ* vont cerner la ville !

Ses grosses pupilles bougeaient sans cesse.

Son ami le prit par la main.

– N'aie pas peur. Monte avec moi.

Amonnakht le suivit jusqu'au fond de la pièce. Contre les murs, partout, des meubles ouvragés et peints : lits d'apparat, coffres de toutes tailles, fauteuils.

Les deux hommes empruntèrent un petit escalier qui les conduisit au premier étage.

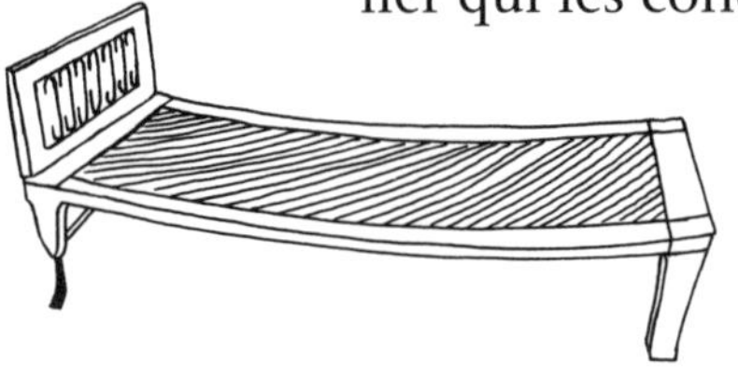

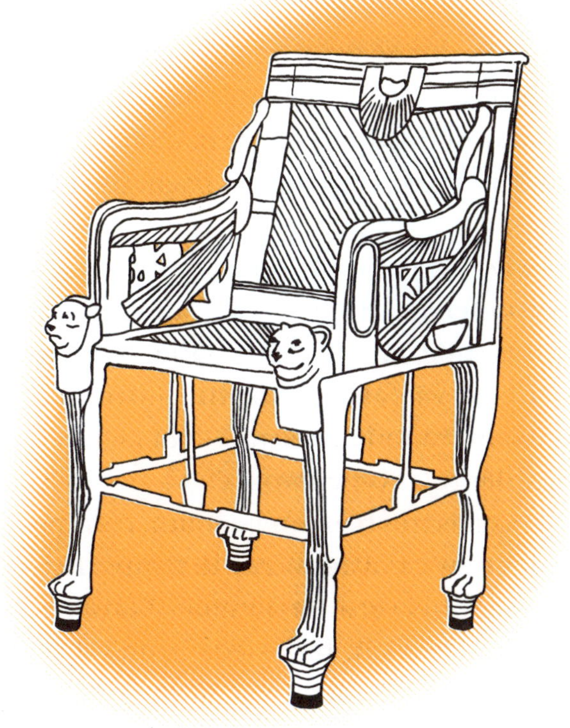

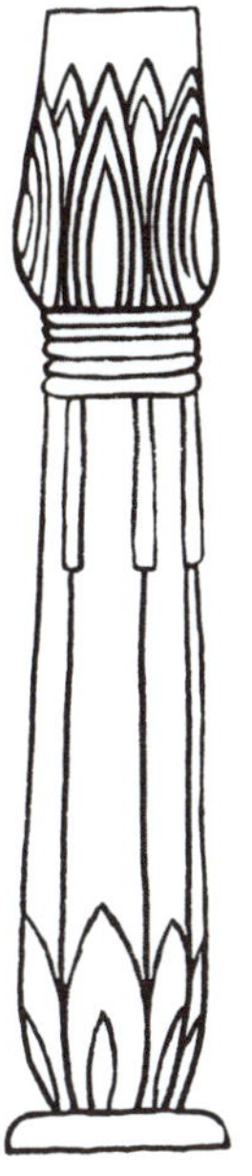

colonne à chapiteau en forme de lotus

La chambre avait un plafond bas, soutenu par des colonnes dont le chapiteau ressemblait à un lotus. Les murs couverts de plâtre figuraient des fourrés et des rameaux de vigne.

Bien que le dos plié en deux, Amonnakht se sentit plus rassuré dans ce décor champêtre.

Heb le fit asseoir sur une natte, par terre, face à lui, et prit place sur un tabouret en X fait dans du bois de caroubier. Puis il se mit à réfléchir, son regard flottant dans le vague.

Le carrier n'osait plus parler.

– Tu as ton or avec toi ?

Amonnakht écarta aussitôt le pagne qui lui enserrait la taille : d'une étoffe blanche, rugueuse, tenant lieu de corset, il tira des baguettes de métal jaunâtre.

– Dix *deben*. J'ai tout fondu. Juste eu le temps de l'emporter avant que les *Medjaÿ* n'arrivent...

– Tu as bien fait. Tu ne pourras plus rentrer chez toi. Il va falloir que tu quittes Thèbes. Maintenant, mon ami, écoute-moi.

Le carrier fixa son complice.

– Je connais très bien un Bédouin, comme ceux qui volent les caravanes. Pas le temps de te dire comment, l'histoire est longue. Mais c'est un homme sûr, très sûr. Il possède le désert comme personne. Une fois que tu seras hors de la ville, il t'aidera à fuir où tu veux, jusqu'en Syrie s'il le faut... Mais pour ça, il faut le payer... de l'or, beaucoup d'or...

– Je suis prêt à lui donner jusqu'à la moitié de ma part ! Mais comment sortir de la ville si la police surveille partout ?

– Ta part d'or restera intacte. Elle augmentera même de beaucoup.

Amonnakht parut interdit.

Heb eut un sourire avisé ; il semblait parfaitement confiant.

– Dans une heure à peine, des serviteurs vont venir chez moi pour chercher des meubles que j'ai terminé de peindre et qui doivent décorer la tombe d'un commerçant mort depuis peu. L'enterrement aura lieu ensuite et la foule sera très nombreuse. Dissimulé dans un des coffres durant toute la procession, tu pourras sortir de la ville sans la moindre difficulté. Je serai là, dans le cortège, et je ne te quitterai pas des yeux. Une fois l'enterrement terminé, on te mettra dans le caveau, les prêtres feront leurs prières et le maçon bouchera l'entrée. Tu sortiras alors du meuble et il te faudra agir vite. Le défunt était un homme riche : tu verras l'or et l'argent partout. Mais tu ne devras pas tout dérober. Il n'y aura pas de temps pour ça. Tu n'ôteras que quelques pièces, les plus importantes uniquement, pour le Bédouin, pour toi, et pour moi. Je te dirai ce qu'il faut prendre. La nuit tombée, nous serons là. Nous te sortirons du caveau. L'entrée n'aura été qu'à peine scellée. Je connais aussi le maçon. Je le préviendrai à l'avance. Tu devras le payer un peu. Une fois dehors, nous ferons les comptes rapidement. Puis toi et le Bédouin partirez.

sculpteurs à l'œuvre

Heb se tut, fixant l'autre.

Bien qu'excité, le carrier paraissait déçu.

– Mais pourquoi ne puis-je pas tout prendre ? lâcha-t-il enfin.

– Non, tu n'auras pas assez de temps. Tu ne veux tout de même pas mourir pour quelques *deben* d'or de plus ?

Finalement, le carrier céda, et le peintre lui indiqua les pièces qu'il faudrait ôter de leurs socles.

Amonnakht sentit le coffre s'ébranler et ouvrit les yeux aussitôt.

Il y avait pris place après les indications de Heb et s'était assoupi d'un coup, car le meuble était grand, très grand, presque assez pour qu'un homme de sa corpulence puisse y demeurer à l'aise.

Dedans, il faisait tout noir, pas un rai de lumière. Mais il perçut comme un roulis: des hommes le portaient sur leur dos; il les entendait ahaner.

Brusquement, un choc.

Plus rien.

Des roues commencèrent à crisser: on le tirait sur un chariot. Il pensa soulever un peu le lourd couvercle en bois du coffre mais réprima très vite l'idée; trop risqué, Heb l'avait dit; mieux valait attendre qu'il y ait foule pour pouvoir voir sans être vu.

Le chariot se figea complètement, immobile.

Le temps passa, interminable, des heures peut-être. Il faisait une chaleur torride; le pagne lui collait aux cuisses. Serrés contre lui, ses outils: son marteau de tailleur de pierre, un ciseau de sculpteur, une lampe à huile et l'arc, la baguette, la planche pour pouvoir faire le feu.

Le coffre se remit à bouger: des hommes le

portaient à nouveau. Il entendit des souffles, des bruits, des voix, des cris : la procession avait commencé.

Dehors, la foule bouillonnait : la famille du défunt pleurait ; des femmes, payées pour l'occasion, arrachaient leurs vêtements de douleur ; des hommes rivalisaient de verve pour célébrer le disparu.

Derrière, des groupes de serviteurs portaient de

pleureuses

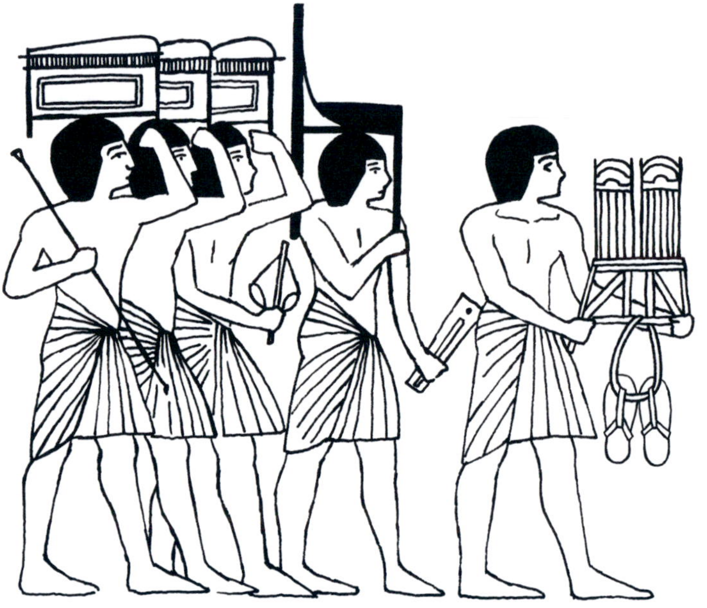

porteurs

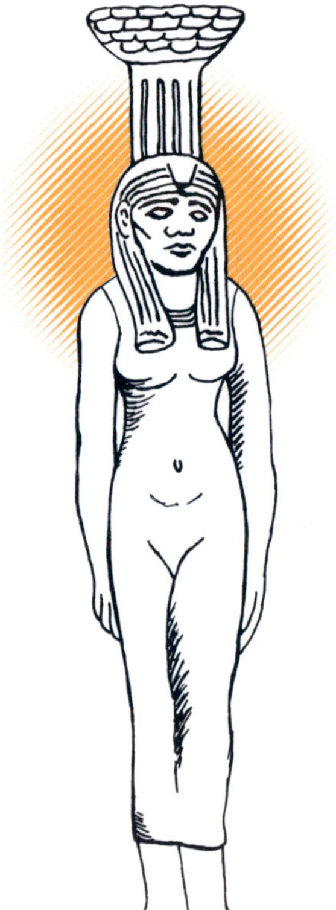

Nephtys, protectrice du sarcophage

menus objets : poteries, vases, figurines de toutes sortes. D'autres se chargeaient du lourd mobilier : les lits, les chaises et bien sûr, les coffres. Puis c'étaient les effets du mort : cannes, sceptres, parasols, bijoux exposés à l'admiration des passants, et les quatre vases canopes, contenant les viscères du défunt. Enfin suivait le sarcophage abritant le corps embaumé, dans son catafalque majestueux, posé sur une barque, elle-même sur un traîneau, et veillé par Nephtys et Isis, les deux sœurs d'Osiris.

Percevant du bruit de partout, Amonnakht se

vases canopes

sentit en confiance; il souleva un peu le couvercle: un filet de lumière jaillit; il vit des formes, des silhouettes, des corps, fronça les yeux: Heb apparut, devant, à cinq pieds de distance; il portait un plateau, des colliers, des bagues, jetait des coups d'œil incessants vers lui.

Le carrier sentit son cœur battre, et, de peur, ferma le couvercle.

Le noir, encore une fois.

Le roulis des marcheurs prit fin, le coffre resta immobile, puis ce fut un mouvement gracieux, comme Horus qui plane dans le ciel: chargé avec

sarcophage dans son catafalque

les autres meubles, Amonnakht traversait le Nil.

Devant lui, la plus grande des barques, celle contenant le sarcophage, était tractée par un bateau où s'étaient groupées les pleureuses. Sur d'autres embarcations se trouvaient la famille, les amis, les collègues, tous ceux qui avaient voulu faire le voyage vers l'ouest, vers l'occident, vers la terre réservée aux morts.

Parvenu à l'autre rive, tout ce monde fut débarqué. Les objets les plus lourds furent déposés sur un traîneau que des vaches se mirent à tirer, la foule cheminant tout autour.

Peu à peu, les champs disparurent, le sol devint pentu : la montagne se dressa, imposante.

Les hommes prirent la relève des vaches pour tirer et porter les charges. Encensoir et vase dans les mains, un prêtre accompagnait le mort.

On arriva près du tombeau. Le sarcophage fut

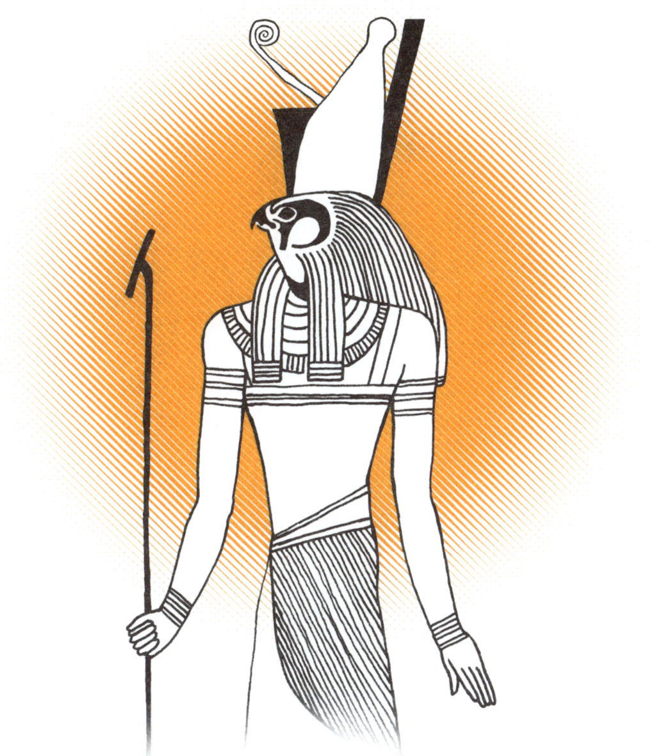

Horus, dieu du ciel et de la royauté

soulevé et déposé debout devant la stèle. Les proches redoublèrent de pleurs. Les prêtres dressèrent une table, posèrent dessus du pain, de la bière, un couteau, une herminette, une palette. Les gestes rituels furent accomplis, lents, précis, mystérieux : le mort pourrait maintenant voir, entendre, manger, marcher, parler : les mages lui avaient redonné la vie !

Les pleurs atteignirent leur summum.

barque funéraire traversant le Nil

Amonnakht percevait chaque plainte : « Pourquoi donc t'en es-tu allé ? Aimais-tu tant la solitude ? N'étions-nous pas heureux ensemble ? Trouveras-tu des amis comme nous au pays de l'éternité ? »

Le moment approchait ; le carrier le sentait. Quand le coffre bougea à nouveau, un frisson lui courut l'échine.

La momie fut descendue dans le caveau, déposée dans son cercueil de pierre sculptée. Autour, on disposa les meubles, les vases canopes et les effets, les viandes, les volailles et les fruits nécessaires au défunt pour effectuer son long voyage.

Les voix s'évanouirent tout à fait. Des raclements leur succédèrent : le maçon rebouchait le trou.

Puis ce fut le silence complet.

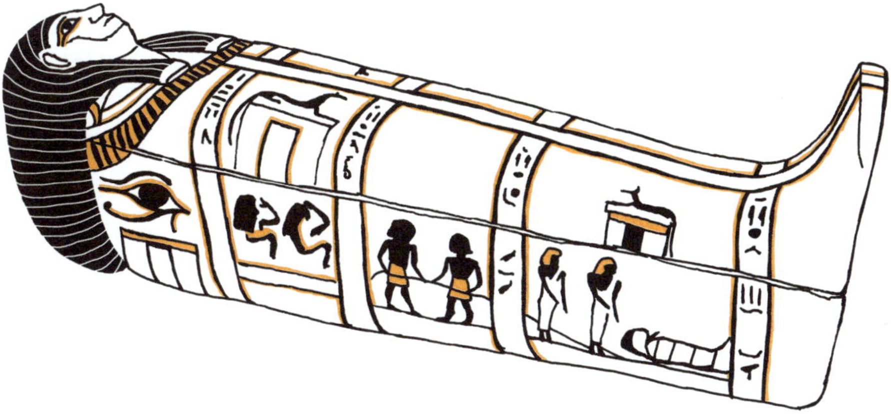

sarcophage

C'était maintenant à lui de jouer.

Amonnakht bondit hors du coffre.

Autour de lui, le noir complet.

Il trembla, se ressaisit, déposa ses outils par terre, s'accroupit, frotta la baguette sur la planche : le feu jaillit, éclaira tout.

Ses lèvres s'entrouvrirent d'émoi.

Vite, agir vite : il atteignit le sarcophage, poussa le couvercle avec peine. Dedans, un autre cercueil ; il fit glisser sa chape d'argent, saisit la momie à pleines mains, la posa sur le sol, se pencha, retira le linceul l'entourant, puis le masque plaqué sur le visage ; le retrait des bandelettes de lin enserrant chaque partie du corps prit à peine plus de temps – le *Livre des morts*, coincé entre les genoux du cadavre, tomba sans qu'Amonnakht

masque funéraire

y prêtât la moindre attention – et une fois cela fait, il prit la feuille d'or recouvrant l'incision par où l'on avait sorti les viscères, ôta les bagues, amulettes, pectoraux, colliers, doigtiers revêtant le mort, les posa en tas près de lui, saisit un grand vase d'une seule main, y jeta tout l'or, les turquoises, les lapis-lazulis, et put enfin respirer.

Le premier travail était fait.

Le labeur pouvait commencer.

Il prit le ciseau, le marteau, se colla presque au sarcophage et se mit à détacher l'or incrusté sur toutes les parois, juste l'or, uniquement l'or, pas de temps pour l'argent et les pierres ; Heb l'avait dit.

La tâche était lente, laborieuse ; les coups

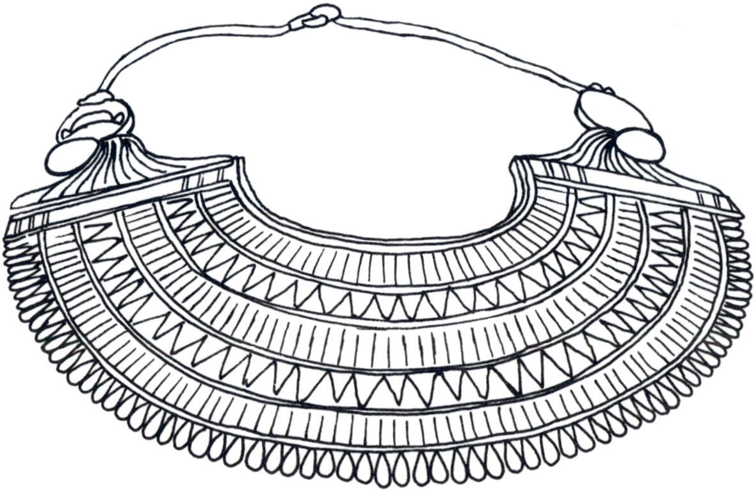

pectoral

de marteau sonnaient sec, étouffé; la flamme vacillant sur les murs dessinait des ombres inquiétantes.

Les fils, les plaques, les barres qu'il ôtait, venaient alimenter le vase dans lequel croissait son trésor.

Les heures passèrent; il suait de partout.

Quand il eut presque terminé, dehors, il devait faire nuit.

La lumière vacillait toujours.

Il relâcha ses bras en sueur, souffla, laissa ses muscles se détendre; il avait bien travaillé, il savait.

De doux mots lui vinrent en tête: esclaves, grains, tissus, terrains, deux bœufs pour juste un *deben* d'or; il sourit; il était riche maintenant, il savait.

Il laissa son regard errer; ils ne tarderaient plus à venir.

Ses yeux accrochèrent un grand coffre, au coin opposé de la pièce.

Pas de temps; Heb l'avait dit...

Mais de l'or, peut-être? Qui sait...

Il fit trois pas, parvint au meuble, souleva le lourd couvercle en bois: dedans gisait le corps de Khâ, le receleur, le tout dernier homme de la bande, les lèvres bleuies par une mort causée par un poison violent.

Amonnakht eut une moue étrange; une pensée courait dans sa tête : ses complices réduits au silence, leurs corps à jamais introuvables, Heb échappait à la justice.

Il leva alors les yeux vers l'entrée, maintenant scellée pour toujours, et lâcha un cri effroyable que la terre garda pour elle seule...

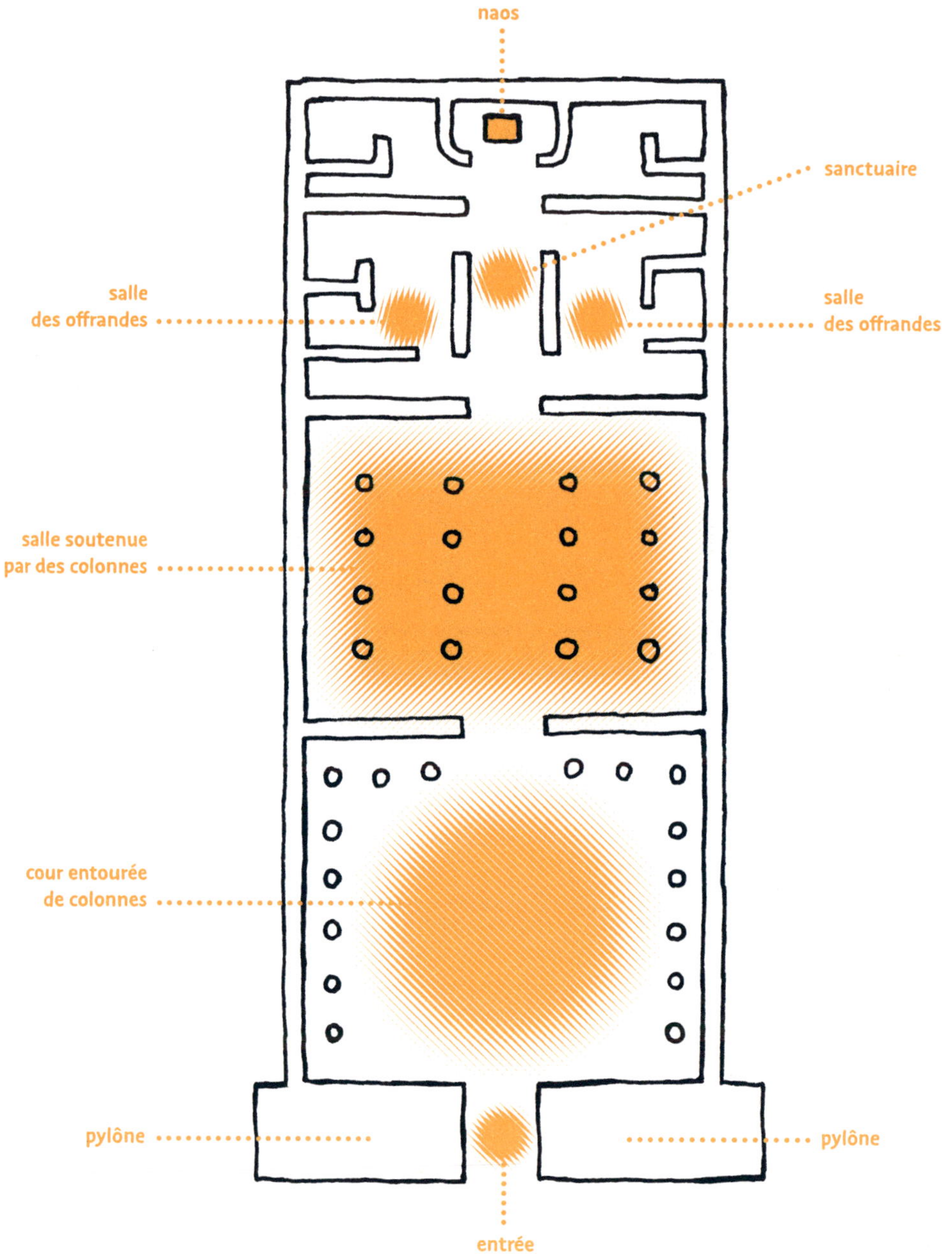
naos
sanctuaire
salle
des offrandes
salle
des offrandes
salle soutenue
par des colonnes
cour entourée
de colonnes
pylône
pylône
entrée

temple

SETH
L'AMBIGU

ou

Pharaon, dieu et homme à la fois

– Une fois Pharaon supprimé, mon fils bien-aimé, le prince Sapaïr, devenu Pharaon à son tour, fera de toi le premier prophète d'Amon. Il te laissera entièrement libre de choisir tes seconds et serviteurs : majordome, chef de maison, préposé au magasin, chambellan, tu les recruteras à ta guise. De même, l'homme qui devra te remplacer dans ton rôle de deuxième prophète sera aussi nommé par tes soins. Tu désigneras le troisième, ainsi que le quatrième, et la foule des fonctionnaires du temple, chefs des travaux, chefs des troupeaux, chefs jardiniers, comptables, directeurs, chanteuses, scribes du trésor, magasiniers, préposés à la lingerie, aux silos, aux transports et à tout le reste, te seront tous dévoués corps et âme.

La deuxième épouse royale fit une pause, fixant son interlocuteur dans les yeux sans vraiment parvenir à les voir.

Il faisait sombre dans la pièce. L'effervescence qui régnait dehors, dans les ruelles, ne parvenait aux oreilles qu'en sourdine.

Bek demeurait impassible.

– Et qu'en est-il donc des richesses ?

Ménât continua, monocorde :

– Pour célébrer la gloire d'Amon, le prince Sapaïr, le bien-aimé, léguera pour le temple du dieu cent tables d'offrandes en argent, offrira dix barques sacrées, rajoutera une épaisse couche d'or sur les portes en bois des sanctuaires, sur les statues, sur le sommet des obélisques, remplacera la brique par la pierre, l'acacia par le sapin, ornera, meublera, construira. En outre, afin de permettre à Amon de gérer encore mieux les terres qu'il possède au nord comme au sud, en Syrie comme en Nubie, Sapaïr donnera cinq bateaux pour le transport des pierres massives, huit pour celui des bestiaux et dix pour celui des céréales. Il s'engage par ailleurs à fournir, provenant du domaine royal, cinquante

défunt devant
une table d'offrande

barque sacrée

obélisque

oryx du désert afin qu'ils puissent servir d'offrandes, deux mille cailles pour un même emploi et dix mille bœufs dûment marqués.

La deuxième épouse se tut.

Le silence s'installa, pénible.

Bek semblait savourer l'instant.

– Le chef des armées est-il prêt ? fit-il enfin.

– Ils le sont tous, trancha Ménât, une pointe d'impatience dans la voix. Chef des armées, chef des archers et chef des soldats du désert.

– Bien, nota le prêtre, brusquement plus réactif. Il te faudra agir très vite. Dès que Pharaon sera mort, l'armée devra prendre le pouvoir. Les nouvelles circulent rapidement : quand le peuple

entier apprendra que Sa Majesté Vie, Santé, Force est tombée sous les coups de Seth alors même qu'Elle l'honorait, sa haine contre le dieu guerrier atteindra son paroxysme. Nous, les adeptes d'Amon, le plus puissant des dieux d'Égypte, appuieront de tout notre poids l'avènement au trône de ton fils et le peuple sera notre allié. Le prince Antef, héritier supposé, ne pourra alors que se taire ou subir la colère des nôtres...

oryx

– L'assassin aura-t-il la main sûre ? coupa Ménât.

Bek la fixa d'un œil perçant. Son élocution se fit lente.

– Aussi sûr que Seth a tué Osiris, l'assassin ira jusqu'au bout.

L'épouse lui rendit son regard.

Ils n'avaient plus rien à se dire.

Elle se leva et disparut.

Ménât traversa à la hâte une enfilade de pièces; la lumière croissait peu à peu; un parfum de résine brûlée – d'encens et de térébinthe – emplissait sa narine en même temps que s'intensifiaient les bruits et clameurs de la rue.

Quand elle se retrouva dehors, son pas devint lent, assuré; nul risque qu'on puisse la reconnaître: une étoffe blanche, serrée, écrue avait remplacé la longue robe transparente qui seyait à son rang.

Elle longea une série d'échoppes où des hommes travaillaient le cuir: certains trempaient les peaux dans des récipients d'huile, d'autres les martelaient pour les rendre plus souples; autour d'eux, des corbeilles de jonc contenaient un amas de sandales.

Dans un entrepôt attenant, des coupes, vases, amphores, cratères étaient disposés soigneusement sur des tables; un personnage des plus sérieux observait chacun des détails: figuration d'une bête sauvage, d'un ornement géométrique, juste tracé d'un hiéroglyphe; l'objet convenait-il au dieu ou au maître auquel il était destiné? L'homme faisait part de ses remarques à un scribe qui consignait tout...

Ménât poursuivit sa route sans regarder de part et d'autre.

Non loin du pylône du temple flanqué de ses

Seth,
dieu du désordre

pylône avec ses mâts

mâts en cèdre, des passants s'étaient rassemblés, lançant des cris d'encouragement : haletant, ahanant, quatre files de tireurs en nage faisaient glisser une grande statue jusqu'à l'entrée de l'édifice. Le bloc, posé sur un traîneau fruste, devait peser au moins une tonne et les efforts des hommes n'eurent sans doute pas suffi si un contremaître n'avait pas été là pour motiver ses troupes par l'emploi de phrases éprouvées.

L'épouse traversa la foule sans même avoir ralenti.

À l'angle d'une grande bibliothèque, elle dépassa une salle dans laquelle des enfants

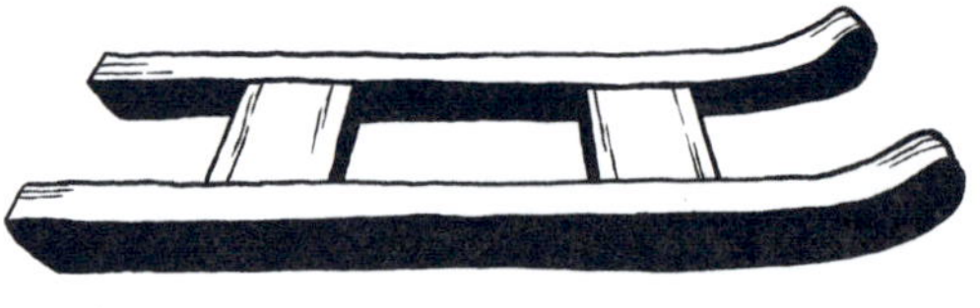

traîneau pour charges lourdes

enfants à l'étude

traçaient des signes réguliers sur des morceaux de pierre. Barbe rasée, visage sévère, pagne long et bâton en main, le maître parcourait les allées, prêt à sévir au moindre écart.

Puis ce fut une suite d'ateliers dans lesquels des peintres et des sculpteurs en herbe apprenaient leurs futurs métiers.

En se rapprochant de l'enceinte, son nez perçut une odeur âcre qui la fit se retourner : la carcasse d'un bœuf dépecé gisait sur le sol rougi. Ses pas se ralentirent d'eux-mêmes ; Ménât regarda les chairs molles.

Elle eut un sourire mauvais.

Devant : la porte de l'enceinte, qu'elle franchit l'instant d'après.

Un char l'attendait ; elle s'enfuit.

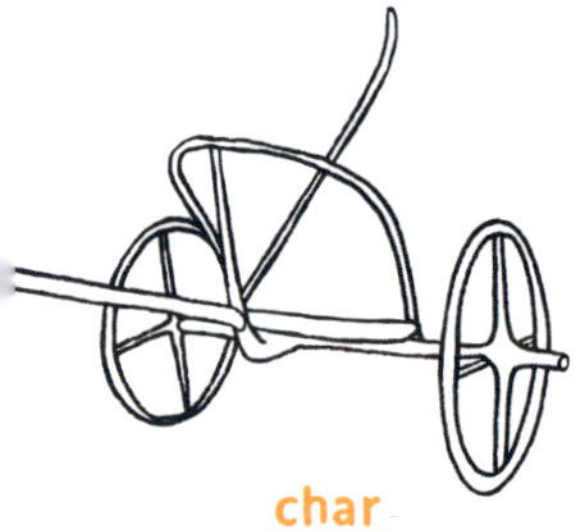

char

– Il est le coin d'ombre sous l'arbre quand le sol est brûlant !

– Et le rayon doux qui réchauffe lorsque les blés ont poussé !

– Il est tout ! Il est Râ en personne, dont le corps est soleil, qui se lève le matin pour vaincre les ténèbres ! Hâpy, le dieu du Nil et père de tous les dieux, inonderait la montagne s'Il le lui demandait !

Râ, dieu du soleil

– Il est montagne lui-même, mais une montagne d'or ! Il connaît les hommes dans leurs cœurs et sait les rétribuer !

– C'est qu'Il agit selon la volonté divine ! La semence des dieux vit en Lui !

Chacun avait hurlé tant la foule était dense.

Artisans, ouvriers, paysans, badauds, la ville entière d'Ombos semblait s'être rassemblée pour admirer l'entrée du cortège en grande pompe.

Arborant le sceptre de son père, Antef ouvrait la marche, précédant quelques-uns de ses frères et des hauts fonctionnaires dont l'un portait le fléau du souverain. Parmi eux se trouvait un prêtre qui, rouleau de papyrus en main, veillait au respect des usages.

Derrière suivaient les militaires, montrant leurs massues et leurs lances, ainsi qu'une foule de serviteurs se partageant toutes sortes d'objets.

La grande litière venait ensuite: transportée par une dizaine d'hommes, des princes et des hauts dignitaires, elle était composée d'un dais que bordaient des moulures saillantes et qui coiffait un fauteuil large entouré d'un sphinx et d'un lion.

Sur le siège trônait Pharaon, tel une statue de marbre.

Il était vêtu de lumière.

Le pagne plissé, d'où pendait une queue de taureau, arborait une ceinture épaisse dont la boucle offrait un cartouche dans lequel on avait gravé son nom.

Un large pectoral recouvrait le thorax, maintenu par une double chaîne.

Au cou, quantité de colliers, à fermoirs en tête de faucon, multipliaient les pièces d'or, les rangs de perles et autres gemmes, tandis que plusieurs bracelets entouraient les bras, les poignets, les chevilles.

Pharaon était droit, majestueux.

Une barbe postiche prolongeait son menton, reliée par deux fois au tissu du *némès*.

Sur cette coiffe savamment drapée, la couronne double s'élevait, celle du Nord et celle du Sud, car Pharaon était maître absolu.

Hâpy, dieu personnifiant les bienfaits du Nil

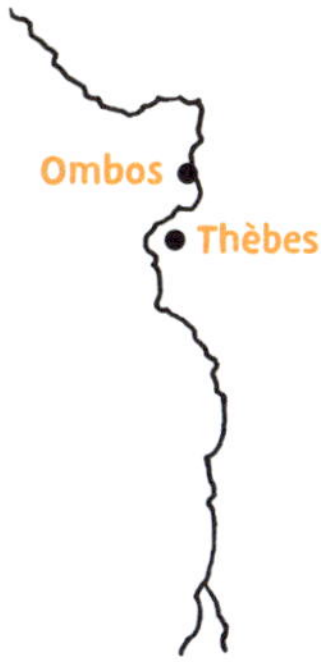

Haute-Égypte

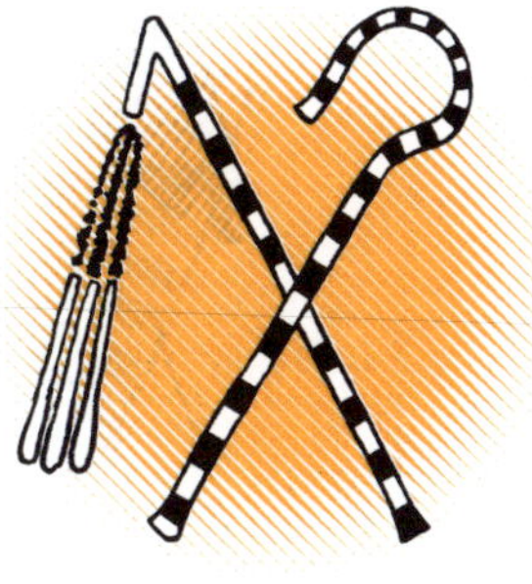

fléau et sceptre de Pharaon

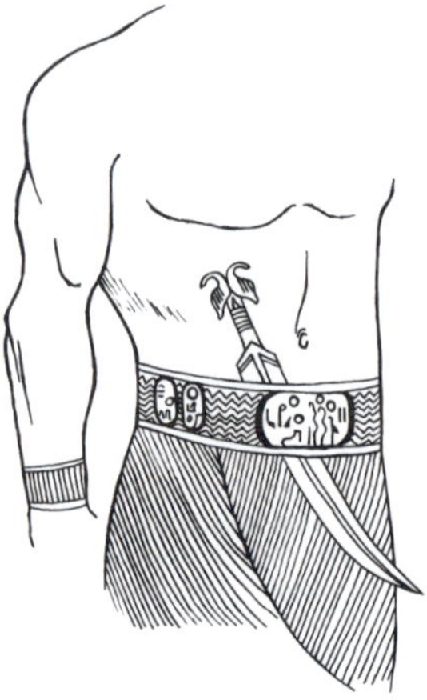

ceinture
de Pharaon

Le cortège avança lentement dans les rues larges bordées de monde. Parfois, des hommes s'étendaient à plat ventre au passage de leur souverain, lequel, regard tendu vers l'horizon, ne se souciait d'aucune présence.

Devant la maison du dieu Seth, le cortège s'immobilisa.

Un serviteur posa en hâte un escabeau près du fauteuil.

Pharaon y posa un pied, puis un autre, et il descendit.

La foule s'était brusquement tue.

collier

Il marcha droit vers la façade où des prêtres formaient une haie, la dépassa sans souffler mot, et se dirigeait vers la porte quand brusquement, il se tourna et jeta un regard vers Antef.

Le prince retint son souffle.

L'instant d'après, il entrait seul.

Il franchit des pièces d'un pas lent ; l'obscurité allait croissant.

Dans l'une d'elles, il s'arrêta le temps de saisir un encensoir qui fumait, poursuivit sa marche régulière.

L'arôme de térébinthe accompagnait maintenant ses pas.

Parvenu tout au fond du temple, il fit halte un instant, posa l'encensoir, avança vers un meuble en pierre, le naos ; une couche d'argile scellait son verrou.

Il brisa le sceau, tira le pêne, ouvrit les battants, regarda.

Seth se dressait dans sa splendeur.

Il contempla la statue d'or.

Doucement, il la sortit du naos, passa l'encensoir autour d'elle, prononça des phrases élogieuses, et se figea, comme en extase.

Puis il la remit à sa place, ferma la porte, allait partir quand soudain… derrière le meuble surgit un homme qui lui planta une dague en plein cœur.

barbe postiche

némès

pschent ou double couronne

naos

Pharaon n'avait pas bougé.

Dans la maison de vie du temple d'Abydos, Antef ouvrit le papyrus qu'il venait de poser sur la table. Des rides recouvraient maintenant son front et le coin de ses yeux brillants ; il était devenu très vieux mais gardait la jeunesse de l'âme.

Il plissa les paupières, retint son souffle et lut les mémoires de son père :

Moi, roi des deux terres d'Égypte, siégeant sur le trône d'Horus, je vais bientôt joindre mes pères dans la grande Ennéade du ciel.

Ma vie entière, je l'ai dédiée aux dieux, à célébrer leur majesté. J'ai reconstruit leurs temples qui tombaient en ruines. J'ai garni leurs greniers d'orge et de blé. J'ai décoré leurs statues d'or, d'argent et de turquoises. J'ai veillé moi-même, en personne, au bon déroulement de ces œuvres et les ai menées à leurs termes. Je n'ai eu de cesse de peiner pour me rendre digne des dieux. Leurs noms gravés à tout jamais témoignent de ma dévotion.

Pour mon peuple, j'ai fait tout autant. J'ai distribué le pain au pauvre. J'ai secouru le faible quand le fort l'oppressait. Bien que maître absolu des deux terres, j'ai laissé les hommes jouir de toutes les richesses d'Égypte.

Pour mon peuple chéri, j'ai rapporté la malachite du Sinaï, le sapin de Byblos, l'encens du pays de Pount, le lapis-lazuli de Bactriane. J'ai ramené le granit, la brèche, l'albâtre, l'ébène, l'ivoire.

Chaque fois que l'étranger menaçait la paix du royaume, je l'ai aussitôt écrasé grâce à l'aide de mon

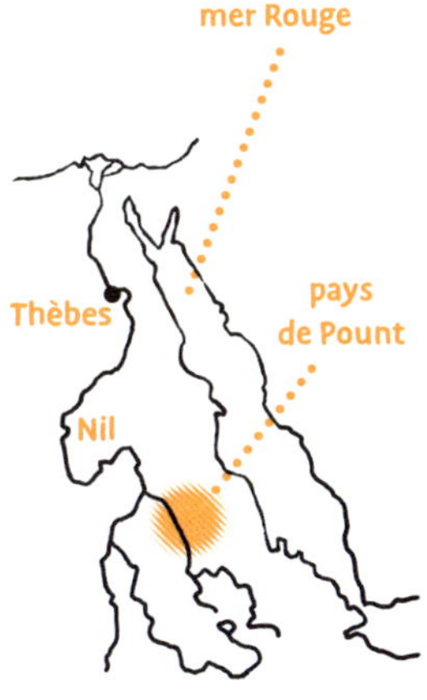

emplacement supposé du pays de Pount

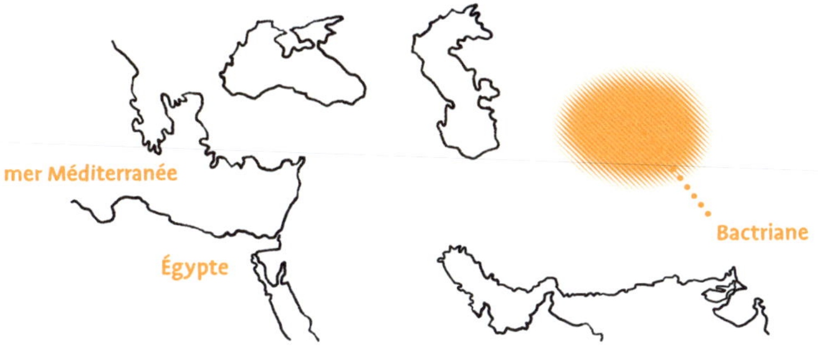

Bactriane

provenance supposée des Sardanes

père Amon. J'ai vaincu les Sardanes immenses et robustes, aux navires à tête d'oiseau. J'ai défait les Libyens, les Syriens, les Nubiens.

Des hommes sont venus de Mésopotamie pour me vouer allégeance.

C'est également mon père Amon, faiseur de toutes les créatures, qui engendra en moi le rêve m'apprenant le complot ourdi par ma deuxième épouse Ménât, la scélérate, et par le deuxième prophète Bek, le traître qui est dans le temple. Ce rêve figurait un chacal qui tentait de mordre mon flanc tandis que brûlait de la gomme dans une petite coupe attenante. Ce chacal, bien sûr, était Seth; je compris tout de suite le présage. Lorsque vint le moment d'honorer le dieu dans sa ville, j'étais préparé à faire front, plaques de métal ceignant mon torse. L'homme qui allait m'assassiner se cachait derrière le naos. Il porta sa dague vers mon cœur mais la lame se prit dans l'armure. Je le maîtrisai sur-le-champ et lui fis avouer ses complices. Un procès se tint aussitôt: les coupables furent condamnés. Ils ne reçurent aucune clémence.

Amon avait décidé ce jour-là que j'aurais une vieillesse heureuse.

Bientôt mon fils, le prince Antef, régnera sur tout le royaume.

Alors je vivrai en lui.

Antef laissa le papyrus et quitta la maison de vie.

Les courtisans, en haies d'honneur, l'acclamèrent lorsqu'il fut dehors.

Ils savaient déjà que le prince allait annoncer en grande pompe la construction d'un nouveau temple dédié à son père, le dieu.

TU TE SOUVIENS ?

ou

La vengeance impitoyable d'un ancien soldat déchu

khépesh

Je vais te faire mourir.

Je vais enfoncer dans ta chair mon vieux khépesh *rongé par le temps.*

Et une fois tes entrailles fumantes sur le sol souillé de ton sang, je couperai tes membres un à un et brûlerai le reste de ton corps.

Puis j'irai jusque dans ta tombe, ciseau et maillet dans les mains, et martèlerai ton nom de la pierre pour que toi et ton ka *tombiez dans l'oubli.*

Alors tu ne revivras plus et j'aurai enfin ma revanche.

Moi, dont le destin fier de soldat a été brisé par ta faute…

ka, double spirituel incarnant la force vitale

– Tu payeras donc au Trésor huit sacs d'orge à *chemou*.

Le vieux paysan devint blême.

gorgerin

– Mais, Tjay… je ne comprends pas… L'an dernier, c'était juste six…

Le scribe désigna par un signe un homme, sceptre et cordeau en main.

– Mon arpenteur ne se trompe pas. As-tu quelque chose à redire ?

Le paysan pouvait voir au loin, assis sur une natte, dans l'herbe, le maître du champ, portant perruque et gorgerin, qui parlait avec des *Medjaÿ* ; l'un d'eux tenait un gros bâton.

– Non… non… Je n'ai rien à redire.

Amon en bélier

Soldat, j'aimais tout.

L'agencement rigoureux des marches jusqu'à l'endroit de la bataille : les hommes à pied allant devant, puis les trompettes, les officiers, l'enseigne du bélier d'Amon garantissant sa protection, enfin Pharaon sur son char, les rênes de ses chevaux en main, flanqué d'un lion non moins féroce, suivi de l'armée tout entière.

La distribution des armes en grande pompe devant l'état-major réuni : le scribe royal, le prince héritier, les officiers tout près du roi vêtu comme pour les jours de fêtes, trônant sur une estrade, et nous, qui défilions solennellement pour recevoir les gilets de cuir, les arcs triangulaires, les épées, les poignards, les carquois et les casques.

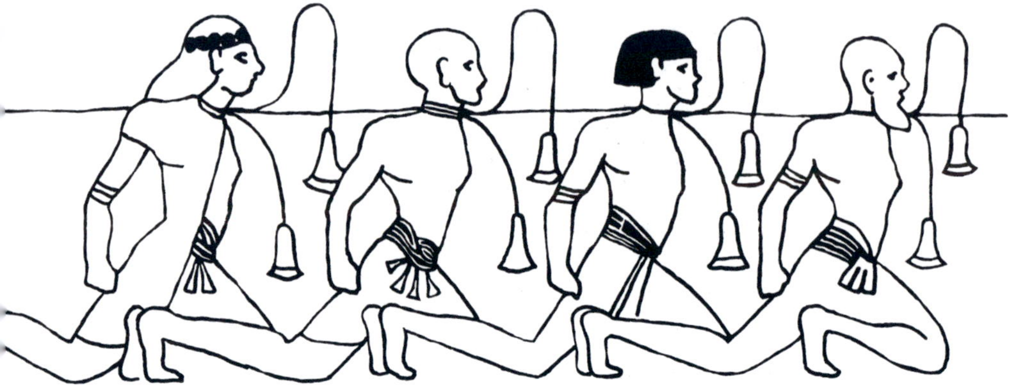

esclaves étrangers

J'aimais, quand j'étais de retour du front, parader en ville sur mon char tiré par des chevaux de race, accompagné de serviteurs qui me respectaient comme un maître.

J'aimais, une fois l'ennemi vaincu, la longue procession des captifs cheminant les bras entravés, certains implorant bien en vain qu'on leur accorde la vie sauve, d'autres marqués au fer rougi pour grossir le rang des esclaves et d'autres, encore, rejoignant les rangs de l'armée qui venait de les écraser.

J'aimais me battre dans l'arène pour l'agrément de Pharaon entouré de ses hauts dignitaires. Bâton serré dans la main droite, j'étrillais les Noirs au gros ventre affublés de pagnes en cuir, j'écrasais à mains nues les Libyens au corps massif et lourd, et sous l'œil de Sa Majesté, je sentais mes forces décupler.

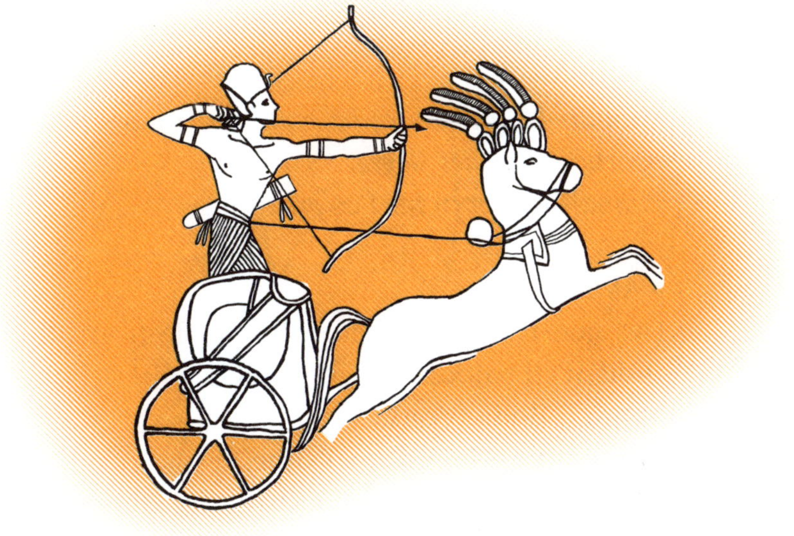

Pharaon au combat

Sa Majesté, que j'admirais parfois au moment le plus fort de la lutte, oubliant presque de me battre: casque sur la tête, bracelets autour des bras, carquois en bandoulière et rênes à la ceinture, Elle allait décochant Ses flèches comme Neith, la déesse guerrière.

J'aimais, la bataille à peine terminée, les soldats apportant aux scribes – lesquels tenaient leur compte exact – les mains coupées des ennemis qu'ils avaient défaits au combat.

J'aimais le repos des campements qu'on improvisait à la hâte: l'eau qui restait fraîche dans les cruches, les nattes étalées dans les tentes, des hommes dormant sur leurs montures, d'autres mangeant viandes et gâteaux.

J'aimais les règles de la guerre obligeant chaque combattant à révéler d'emblée ses forces pour que l'affrontement fût honnête.

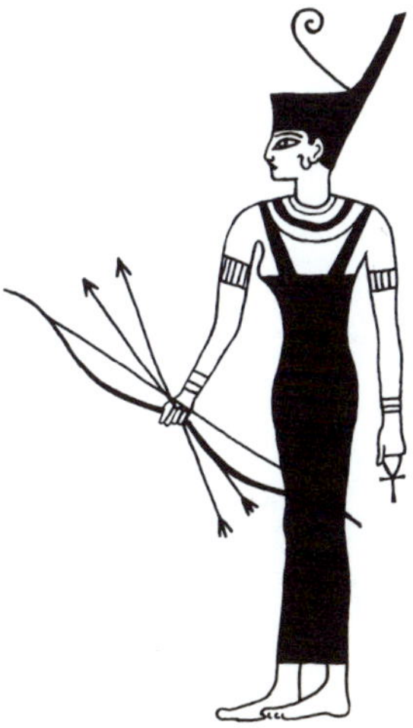

Neith,
déesse archère

J'aimais les grains, les bêtes, les armes que nous remportions lors des sièges.

J'aimais tout et tu me l'as pris...

– Alors ?

Des gouttes s'étaient formées sur le front de l'étudiant ; il balbutia, la gorge sèche :

– Ddd... ddd... douze ?

Tjay posa sur lui un œil calme.

– Le prisme d'une colonne fasciculée comporte donc douze côtés ?

Le jeune homme parut plus confiant.

– C'est cela, maître... Douze côtés.

Le scribe eut un sourire rapide qui se mua en expression de mépris.

– Jamais tu n'élèveras de temples, ni ne siégeras au tribunal, ni n'accueilleras de dignitaires. Tu n'es bon qu'à planter les grains, mouler les briques et te soûler. Ôte-toi de ma vue. Va-t'en !

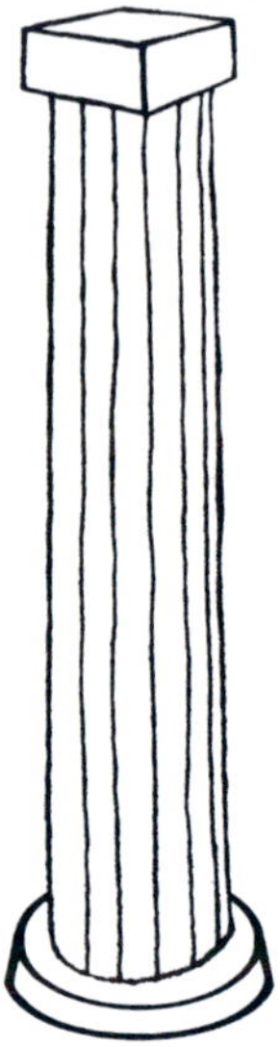

colonne fasciculée

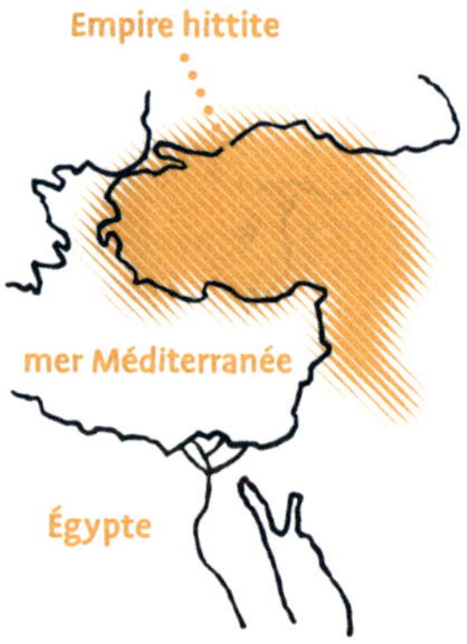

Empire hittite

Tu l'as pris dans une plaine de Syrie où je venais d'être envoyé pour mater l'ennemi hittite.

Il faisait un soleil de plomb le jour de la dernière bataille. L'écume recouvrait les chevaux ; l'écuyer les fouettait sans cesse ; nous roulions à tombeau ouvert.

J'étais prêt, mon arc tendu à l'extrême, l'ennemi grossissant à vue d'œil.

Lorsqu'il se trouva bien de face, je décochai enfin ma flèche : elle alla lui trouer le bras. Mais un rocher heurta le char et nous fûmes projetés à terre. L'écuyer ne put se relever: l'homme l'abattit d'un coup de hache. J'avais saisi vite ma javeline, prêt à un combat furieux.

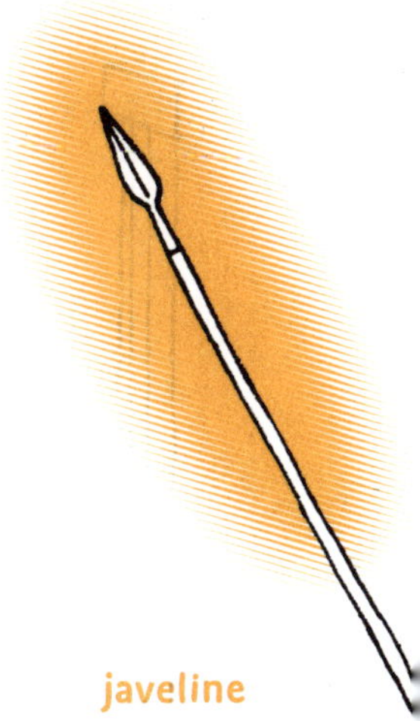

Il y eut des chocs de part et d'autre, cliquetis, râles, cris de rage. Le sang baignait nos deux vêtements, mais je ne sentais plus la douleur. Mes membres étaient comme transis.

Quand je vis le bronze dans son torse et qu'il ne bougea plus du tout, je compris qu'il était bien mort. Je fixai alors le cadavre, haletant que j'étais, et j'aperçus une main – elle gisait seule, au sol, près de sa hache. Je baissai les yeux vers mon bras...

Il ne restait plus qu'un moignon.

Sur le coup, je ne criai pas. L'ébranlement m'avait figé net.

Mais en perdant ma main ce jour-là, c'est toute ma vie que je perdis...

Le long plateau, recouvert d'or, offrait un décor bucolique gravé: pendus aux lourdes branches d'un arbre, des enfants cueillaient des fruits mûrs; singes et girafes flânaient entre les palmiers; au fond s'élevait un village, avec ses huttes en forme de cônes.

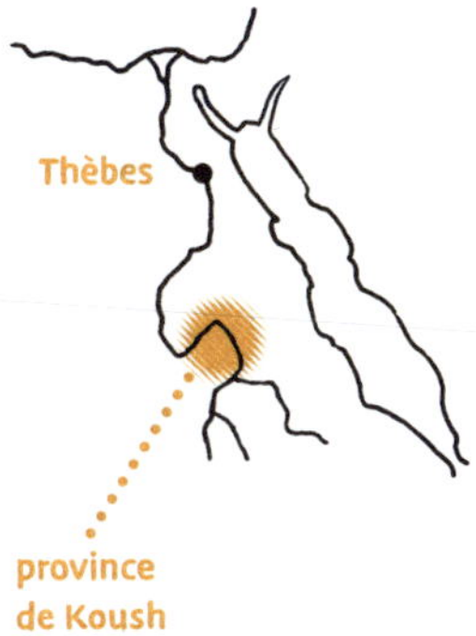

– Comme c'est pittoresque, Tjay.

– Ceci provient de Koush.

– Et cela? demanda la jeune femme en désignant, au bout du salon, un grand vase orné de motifs floraux et coiffé d'un couvercle au galbe de griffon.

– Cela vient de Syrie, fit le scribe, qui la prit par la main vers un coin de la pièce où des armes trônaient sur une table en bois. Un bouclier en cuir, entouré d'une ganse de métal, figurait Pharaon lui-même tuant un ennemi à terre.

– C'est magnifique, dit-elle.

– Mais je n'aime que les belles choses, fit l'autre en lui serrant la taille.

Ma main perdue, je fus renvoyé de l'armée car jugé par elle inutile. J'étais encore très jeune et ma pension fut dérisoire. Quant à ma part de butin prise à l'occasion de nos victoires, elle fondit le temps qu'il fallut pour que je trouve de quoi survivre.

Mais j'avais grandi dans les armes et je ne savais que me battre.

Je tombai alors en disgrâce.

Pendant un temps interminable, je peinais avec les esclaves, les prisonniers, les étrangers pour extraire les roches des carrières. Parqués en régiments entiers, nous nous perdions dans le désert pour trouver les pierres majestueuses qui orneraient les tombes et les temples. La faim et la soif nous brûlaient autant que ce séjour sans ombre, certains périssant en chemin avant d'avoir atteint un puits.

Lorsque la montagne surgissait, il fallait agir au plus vite. Nous prenions d'abord les pierres libres

Min, dieu protecteur des voyageurs du désert arabique

dont les formes annonçaient l'emploi : obélisques, statues, sarcophages ; Min favorisait parfois notre quête. Puis nous devions gravir les monts, pousser les rochers jusqu'à terre et pire, il nous fallait creuser, ronger la paroi, l'arracher. Ensuite, nous devions soulever ces blocs, les mettre sur des traîneaux, les tirer et mon corps mourait dans chaque geste, d'autant que les durs contremaîtres usaient du bâton sans mesure lorsque la cadence diminuait.

Enfin, ce rude labeur fini, il fallait implorer les dieux pour qu'ils favorisent Pharaon qui nous avait permis à tous d'accomplir notre tâche insigne.

Les ans passèrent ; je vieillissais.

Mout, déesse maternelle

Malgré mes maintes prières à Mout, diminué par mon lourd handicap, mon travail devenait trop lent. Et bientôt les durs contremaîtres me jugèrent inapte à la tâche.

Alors je me retrouvai tout seul…

– Quelque chose ne va pas ? fit le gros cuisinier.

Ce dernier, vêtu d'une blouse blanche, venait d'entrer dans la tente.

– Lait, grenades, laitues, tu n'as pas lésiné sur le menu des troupes.

Assis en tailleur, papyrus sur les genoux, le scribe avait parlé sans lever les yeux de sa feuille.

– Mais, Tjay… Ce sont les ordres des officiers…

– Sais-tu combien coûte ta cuisine ? Donne-leur plutôt ail et oignons pour qu'ils aient de la force au combat.

– Mais…

– Serais-tu avec l'ennemi ?

Seul, sans ressources, dans le désert brûlant, patrie des chacals, des serpents, des léopards, des hyènes, je trouvai une aide imprévue auprès d'une tribu de Bédouins qui faisaient paître leurs moutons et vendaient les richesses des sables.

Avec eux, des années durant, je fis voyager les troupeaux entre les oasis éparses et troquais les poudres de fards contre les grains pour subsister. Je mangeais le pain en galettes – elles cuisaient dans les dunes

surchauffées –, me couvrais de vêtements de laine pour supporter les nuits glaciales et nettoyais mon corps hâlé avec la sève épaisse des arbres.

Mais le désert rongeait mon âme et le Nil me faisait languir.

Lorsqu'un riche éleveur d'Abydos vint un jour commercer chez nous, je vantais ma longue expérience pour qu'il me recrute sur ses terres. La chance me sourit – du moins, je crus – et j'abandonnai mes bons nomades pour être berger près des villes.

Au début, je ne fus pas malheureux.

J'étais pauvre, certes ; la vie était rude ; souvent les tiges de papyrus constituaient mon unique repas. Mais les jours sur les rives du fleuve apportaient leurs lots d'allégresse. Je voyais mes chèvres grandir et s'ébattre en toute liberté ; mes vaches avaient l'œil caressant et je leur parlais comme un père.

Puis tout se brisa d'un coup.

C'était la nuit ; je dormais dans l'étable. Mon sommeil devait être lourd – conséquence d'une journée de marche – car je n'entendis pas le voleur. Au matin, il manquait trois bœufs – une perte que je ne pouvais pallier. Le maître m'accabla aussitôt, m'accusa de connaître le coupable, n'entendit rien de ma défense, me fit bastonner pour avouer.

Mon dos, déjà fourbu par la besogne des carrières, finit par se briser tout à fait.

Épuisé, mutilé, éclopé, je tombai alors tout en bas…

Sa voile distendue par le vent, le long navire glissait sur l'onde. Dominant l'éperon, les deux hommes fixaient l'horizon, leurs mots couverts par le remous des vagues se brisant sur l'étrave.

– Mes bracelets n'ont coûté que trois *qité* d'argent, mais ils resplendissent de mille feux. Et toi, que vas-tu leur donner en troc ?

– Des colliers, toujours des colliers. Toutes ces babioles ne valent rien.

– Crois-tu qu'ils mêleront à l'encens l'ivoire et les peaux de panthères ?

Tjay eut un sourire fourbe.

Au loin les naïfs villageois de Pount agitaient leurs bras en criant.

hiéroglyphes signifiant « *qité* » (9,1 grammes)

Tout en bas, il y a la poussière, il y a la saleté, la souillure, et je devais bien être ça car je vécus dans celles des autres.

Ces années qui n'en finirent plus, j'astiquais les maisons des riches, récurais les baraques des pauvres, décrassais celles des moins que rien et de tous ceux pas assez bas pour faire vivre un sous-homme comme moi au-dessous de leurs conditions. La nuit, je reposais comme un mendiant au pied des bâtiments publics. Les esclaves eux-mêmes me moquaient. Pire, on m'avait oublié…

Comme ce jour où je nettoyais l'écurie d'un ancien soldat. Lorsqu'il vint inspecter mon travail, je reconnus immédiatement un compagnon d'armes de jeunesse. Sa vie avait suivi son juste cours quand mon destin s'était brisé. Et au terme de sa longue carrière, Pharaon lui avait donné tout: un palais, un terrain, des esclaves, et des coupes, et des bracelets, et des colliers gravés de l'épigraphe royale.

Mais lorsque cet homme m'aperçut, son visage demeura de marbre.

Ma peine eut été trop lourde à porter si peu après, je ne t'avais trouvé…

Dans la pénombre de l'atelier, le jeune homme, herminette en main, s'était mis à trembler de partout. Tjay le regardait, impassible, le haut du visage révélé par la lueur d'un rayon de lune.

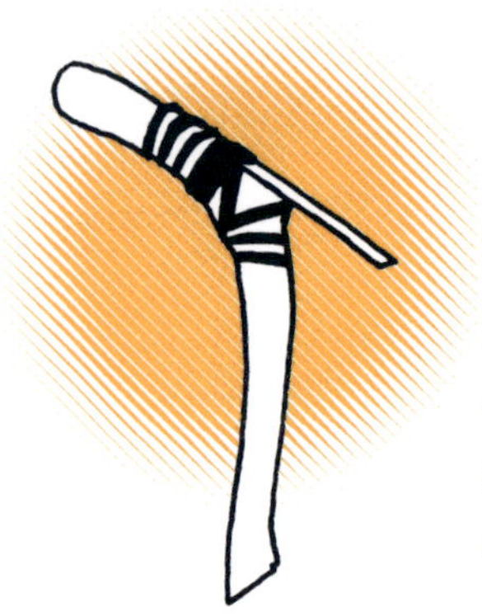

herminette

– Alors… alors… que faire ? balbutia le menuisier.

Le scribe parla avec lenteur.

– Disparais de la ville au plus vite. Tu t'enfuiras par le désert. Les *Medjaÿ* ne viendront pas ici cette nuit. J'ai réussi à les convaincre qu'un petit artisan comme toi ne peut être qu'un troisième couteau.

– Merci, Tjay ! Merci… Comment puis-je te remercier ?

– L'or que tu as volé, donne-le moi.

Je te trouvai dans une maison où les scribes conservent leurs archives.

Il faisait une chaleur torride dans la pièce sombre que j'époussetais. J'avais tous les membres en feu et m'accordais une courte pause, assis au bord d'un tabouret, laissant mon regard divaguer sur les vieux papyrus jaunis.

Mes yeux croisaient des signes que je parvenais parfois à comprendre. Jadis, quand j'avais encore ma fierté, un de mes bons compagnons d'armes, fonctionnaire devenu soldat, m'en avait enseigné quelques-uns.

rouleau de papyrus

Brusquement, mon regard se fige sur une large feuille, déroulée. J'approche sans penser, je regarde. Oui. Il s'agit bien des caractères qui désignaient mon corps d'armée, le tout dernier que j'occupai. J'inspecte les signes, nerveux. On y dresse la liste des hommes qui devront être recrutés. Je trouve la date ; mon cœur s'emballe : c'est juste avec mon dernier combat…

Mes yeux parcourent les noms très vite… rien.

Je suis étonné, recommence, cette fois plus lentement, pour être sûr… toujours rien.

Au poste qui allait être le mien au cours de cette ultime bataille figure le nom d'un autre soldat.

Je réfléchis, hésite un peu, puis, sans plus raisonner, je me lance : je saisis tous les papyrus, les déroule, les examine un à un, sur les guéridons, par terre, dans les niches, dans les coins, partout, et d'un coup, tremblant, je me fige : j'ai dans la main le document mentionnant la liste des hommes qui furent bel et bien enrôlés.

Le souffle court, je scrute chaque ligne…

Là.

C'est mon nom.

Je reconnais.

Celui de l'autre a disparu.

Je pense encore, ouvre les yeux.

Je m'effondre – mes jambes ont compris :

Le scribe qui a recruté les hommes pour cette bataille de tous les dangers s'est fait acheter par le soldat qui devait occuper mon poste afin qu'il enrôle quelqu'un d'autre.

Je recouvre mes esprits lentement, saisis le papyrus tombé, me lève, regarde le nom du fonctionnaire qui a fait chavirer mon destin :

Tjay.

C'est ton nom.

Et je sais que je vais te tuer…

Tjay colla sa lampe au mur sombre et lut le texte qui était gravé :

« Ma vie durant, toute ma longue vie, je ne fis que du bien aux autres. Le pauvre paysan qui a faim, j'allégeais son impôt injuste. Le jeune étudiant sans culture, je lui accordais mon indulgence. Je n'usais pas de mes richesses pour me procurer des faveurs. Je pensais toujours au bien-être des hommes de basse condition. Je ne volais pas, je ne mentais pas. Les autres passaient bien avant moi. »

Le scribe eut un hochement de tête satisfait et revint vers l'entrée de sa tombe. Un homme, pagne droit, attendait, la mine anxieuse.

– Maître, cela convient-il ?

– Les entailles sont un peu chétives et les droites, parfois hésitantes, mais la vérité est là, pour toujours.

Le chef des arts put respirer.

Je sus bien vite qui tu étais.

Je posais des questions, écoutais, dans les maisons, les salles, les temples. Les moins que rien de mon espèce ne suscitent jamais de méfiance. Ils sont des chiens qu'on laisse aller dans l'antre secret des demeures, car jugés trop bêtes pour comprendre.

Comme le reste de tes semblables, tu avais rempli tous les postes: directeur de troupeaux, comptable, préposé aux soldats, scribe des recrues, du trésor, de la bibliothèque royale, des temples, collecteur d'impôts, chef des greniers, des grands travaux, de l'entretien des routes et canaux, intendant des expéditions, juge, et tu jouissais maintenant sans honte des richesses que tu avais volées.

Je sus très vite où tu vivais, et sus comment te retrouver.

Je me liai à l'un de tes hommes qui finit par me faire admettre devant l'intendant du palais, celui en charge des embauches: ce dernier cherchait un paria pour purger tes latrines infâmes. J'acceptai, le cœur palpitant. L'aubaine était pour moi immense.

Debout, la première nuit, j'épiai, depuis la fenêtre de l'étable où les autres serviteurs dormaient. Je vis une ombre sortir du porche: tu partais vider tes entrailles. Le sang courut dans mes artères.

Je te précédai aussitôt…

– Qu'est-ce que tu fais là? Va-t'en!

– C'est Den qui m'a engagé. Je nettoie.

siège de latrines

Tjay le jaugea de pied en cap.

– Il prend des infirmes, maintenant. De mieux en mieux…

Le scribe avait ri de sa blague ; l'autre fourrageait dans le bac rempli de sable et d'excréments.

Le rire disparut bien vite.

– Tu feras ça plus tard. Va-t'en.

L'homme tenait un objet arqué qu'il venait d'extraire de la cuve ; les souillures couvraient le métal.

– Mais… qu'est-ce que c'est que ça ? Qui es-tu ?

Il venait de se redresser ; sa main serrait fort le *khépesh*.

– J'étais dans le corps de Ptah, jadis…

Tjay ouvrit les yeux, immobile ; les serviteurs étaient loin ; il savait.

– Mais qui es-tu ? Qu'est-ce que tu veux ?

Sa morgue l'avait délaissé.

L'autre avançait très lentement.

– Tu te souviens ? C'était il y a longtemps, très longtemps.

– Tu veux de l'or, c'est ça ? De l'or ?

La panique déformait son timbre.

– Non, Tjay. Je ne veux pas d'or.

Et l'homme souriait en s'approchant…

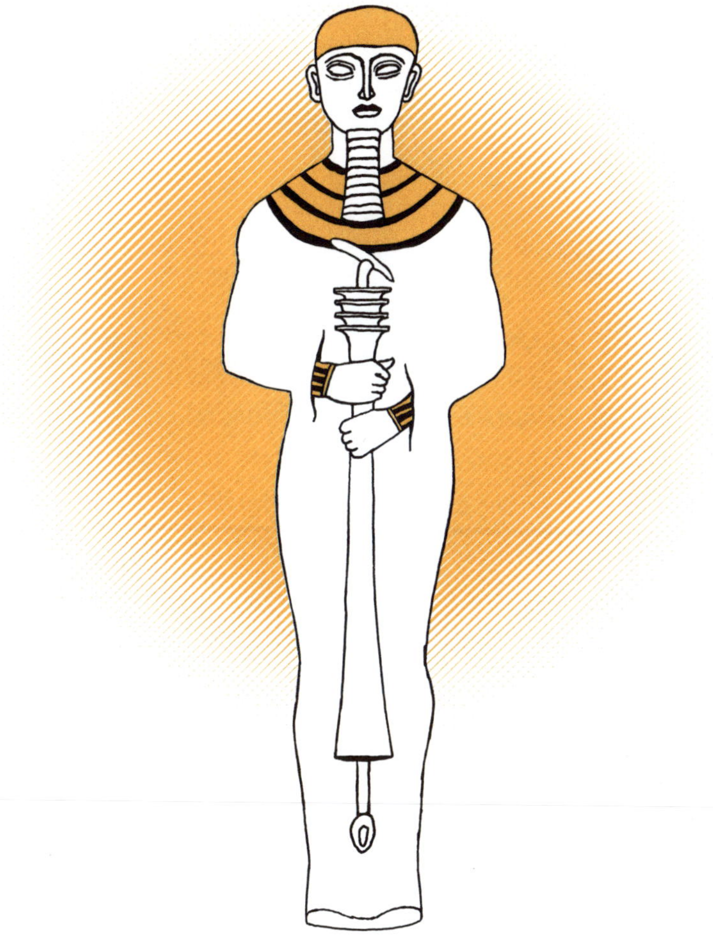

Ptah, dieu créateur du monde

L'AMOUR PEUT TOUT

ou

Une femme belle et insoumise

Sphinx de Gizeh (vers XXVIe siècle av. J.-C.)

pyramides de Gizeh (vers XXVIe siècle av. J.-C.)

Elle : « Ton parfum est suave comme le lys. »

Lui : « Et le tien, doux comme le miel. »

Dans les sentiers de la campagne, entre les maisons de briques crues, au cœur des jardins de la ville, le long de ses immenses murailles, au bord des méandres du fleuve, à l'orée du désert perfide, à l'ombre du Sphinx ensablé, des pyramides tombées en ruines, des grenadiers aux lourds fruits mûrs, dans les cours, dans les ateliers, dans les coins tamisés des temples, dans les vignobles, les oliveraies, près des étangs, près des palais, dans les marais où le hibou rêve de la nuit prochaine, sur les toits en terrasse bercés par la voûte mouvante des étoiles, parmi les hommes, parmi les bêtes, les objets, les bruits, les silences, Neith et Mipou vivent leur amour.

Neith est fine, aérienne ; elle a le teint pâle, des cheveux de jais. Son regard est franc, lumineux, parfois passionnément espiègle. Son galbe est sensuel, délicat. Quand elle chante, danse à la gloire d'Hathor, ceux qui l'entendent s'élèvent aux cieux. Quand elle marche, c'est une reine. Neith est l'élégance incarnée.

Mipou est grand ; sa peau hâlée. Il a les épaules larges, robustes, les bras épaissis par l'albâtre qu'il façonne avec véhémence. Mais ses gestes ont une grâce féline qui leur ôte la moindre rudesse. Il laisse son amante aller seule, libre, mais ils sont tout près. Leurs mots sont des liens invisibles. Mipou aime et sait respecter.

Elle : « Nous nous marierons en l'an IV, le quatrième mois de l'été, le quinze du mois exactement, car il fera doux ce jour-là ; les nuages qui seront dans le ciel feront un parasol de plumes. »

Lui : « Une fois partie de chez ton père, tu t'installeras dans ma maison. Vivant de plein gré sous mon toit, tu deviendras donc mon épouse et dès lors, on t'appellera Neith, la femme de Mipou. »

Ce jour-là Neith apportera les objets qui constituent sa dot ; Mipou offrira du blé en guise de cadeau de noce. Un scribe notera les biens de chacun, car un divorce conduirait au partage. Mais cela sera une vaine précaution.

Elle : « Je veux voir des enfants partout. Je veux qu'ils jouent, je veux qu'ils rient. Je m'empiffrerai de laitue pour être sûre d'être féconde ! Et je te donnerai un fils... »

Hathor, déesse de l'amour

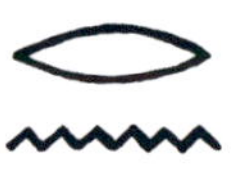

hiéroglyphes signifiant « *ren* » (nom)

Lui : « Lui et moi nous irons pêcher et chasser l'oiseau au boomerang. Il m'aidera dans l'atelier et je lui apprendrai son métier pour qu'il puisse dépendre de lui et veiller aux soins de ma tombe. »

Peu après qu'un enfant naîtra, on lui attribuera son *ren*, son nom à lui, sans lequel il n'y a pas de vie. Sa naissance sera constatée et les sept Hathor révéleront les hasards de sa vie future, afin qu'il puisse se préparer à faire face aux coups du destin.

Elle : « Car Hathor veille sur nous tous. »

Lui : « C'est la mère, le ciel, la danse, la joie ! »

jarre à bière

– Ses frères sont des vauriens. Tout le monde à Memphis le sait. Ce sont des artisans véreux. Ils traînent dans les maisons de bière, hébergent des femmes dans leurs chambres, s'enivrent de bière brune du matin jusqu'au soir, de vin gorgé de miel chaque fois qu'ils ont volé. Car en plus de leurs vices, ce sont des criminels. Leurs mains, leurs pieds, leurs dos portent les marques infamantes du bâton des bourreaux. C'est un homme comme cela que tu veux épouser ?

amphore à vin

Pagne long, torse nu, tête rasée, le vieux prêtre se tut et regarda sa fille. Sous les lignes du front parcheminé par l'âge, ses yeux encore alertes semblaient désemparés.

Neith eut un regard doux, vaporeux, séraphique ; elle percevait un monde qui n'entourait qu'elle seule.

Taouret, déesse hippopotame de la maternité

– Mais lui, papa, vois-tu… lui c'est tout le contraire.

Et son silence se mua en sourire éthéré.

L'homme la fixait toujours. Son regard s'embua. D'un geste de pudeur, il détourna la tête, offrant son dos voûté pendant un long moment – toute à sa rêverie, sa fille était ailleurs – puis, les jambes décharnées s'ébranlant avec peine, il se mit à errer, lentement, dans la pièce.

– Ta mère était entrée dans la petite cabane et j'attendais dehors, tout seul, ton arrivée…

Neith regarda son père ; il parlait dans le vague.

– La sage-femme lui avait mis son amulette au cou : Taouret serait là pour vaincre les dangers. Quand j'entrai dans la pièce, après ma longue attente, je sus que la déesse avait tenu parole : ta mère couchait, sereine, le front perlé de sueur et toi, petite colombe, dormant entre ses bras ; tu étais magnifique et je versai des larmes…

La jeune femme frissonna.

– Grâce au lait de maman, tu grandis pour le mieux. Je te revois encore, la ceinture à la taille, la natte couvrant l'oreille, le haut du crâne rasé, courant nue dans les herbes derrière des canetons ; tu étais si espiègle… Tu folâtrais sans cesse… Mais tu pouvais aussi être calme des heures durant… Ta mère l'avait bien vu. Elle tissait devant toi, elle filait, elle cousait. Et tu restais assise, l'observant, attentive. Tu apprenais déjà sans même t'en rendre compte; maman en était fière... car elle te réservait les plus hautes destinées.

Le vieil homme fit silence; son regard s'assombrit.

– Juste avant qu'elle ne meure... reprit-il, balbutiant, elle me fit lui promettre: je ferais de mon mieux pour que tu réussisses.

Neith eut un sourire tendre.

– Mais papa, tu l'as fait... Grâce à toi, j'ai suivi l'instruction qu'on donne aux fils de scribes et de hauts dignitaires; j'ai rejoint le harem du temple où l'on m'a appris le tissage, le chant, la danse, le sistre, le luth, la harpe, la lyre; je suis devenue prêtresse d'Hathor, mes paroles pèsent dans les cœurs, des hommes et des femmes m'obéissent, j'ai une terre cultivable à moi, je jouis des avantages du temple et partout où je vais, on m'aime. Que voudrais-je de mieux que cela?

Le prêtre la fixa; sa voix devint très douce:

– Mon ami Khonsou, scribe des livres royaux, peut-être te souviens-tu de lui; il venait chez nous souvent... Depuis que son épouse est morte, il se sent de plus en plus seul. Or, il ne t'a pas oubliée, et je sais comme il t'apprécie. Avec lui, tu serais heureuse. C'est un homme respectable et bon; et de surcroît très riche. Sa fortune est considérable. Il t'initierait au commerce, tu aurais des fonctions nouvelles, ton rôle à Memphis grandirait, et forte de cette expérience, tu

sistre

deviendrais, sans nul doute, chef de la troupe des musiciens. Alors ta mère serait si fière !

Son émotion n'était pas feinte.

Sa fille lui posa la main sur l'épaule.

– Je comprends que tu m'aimes, papa, et que tu envisages pour moi ce que tu crois être le mieux. Mais Mipou est l'homme de ma vie. Je l'aime de tout mon cœur et lui, il n'aime que moi, ça je le sais. N'est-ce pas, avant tout, ce qui compte ?

Le vieillard voulut répondre mais la jeune femme fut plus rapide :

– Maman aussi, j'en suis bien sûre, aurait agi comme je le fais. N'est-elle pas devenue ta femme parce qu'elle t'aimait, tout simplement ? Tu venais d'être nommé prêtre ; tu avais un rôle limité ; les moyens te manquaient encore. C'est son amour qui a fait de toi le chef du clergé de Ptah… Alors, ne crains rien, mon papa. Mipou a déjà sa maison. Nous nous marierons dans un mois. Et Bastet, que nous honorerons, veillera au succès de notre couple !

Le vieil homme baissa les yeux ; il ne trouvait plus rien à dire.

Bastet, déesse chatte protectrice du foyer

Il était là, debout devant elle, immense, dressé sur le large piédestal, le corps resplendissant de sueur, les muscles ondoyant sur l'albâtre à chaque coup de ciseau porté aux cannelures de la colonne. Autour, d'autres hommes s'activaient –

elle les remarquait à peine; leurs mots fusaient, courts, réguliers; ils parlaient sans se regarder, absorbés chacun par sa tâche; mais entre eux les outils passaient: burins, maillets, herminettes.

Parfois, Mipou se retournait: il avait le torse ruisselant; ses lèvres faisaient un sourire; des fleurs s'envolaient de sa bouche, tendres, légères, imperceptibles; des fleurs qu'elle seule percevait.

Et son cœur battait à tout rompre.

– Neith, ma gazelle, s'il te plaît, va me chercher mon polissoir.

Il vient de parler, elle se lève.

Elle va, ses petits pieds frôlant le sol, entre dans la pièce attenante – les paniers sont en rang par terre –, se penche sur celui de son homme, soulève le couvercle d'osier, insère le bras jusqu'à l'épaule, palpe les outils amassés; elle sourit: ses doigts ont senti la longue pierre plate du polissoir; elle le soulève délicatement; quelque chose est posé dessus: c'est un ostracon, qu'elle saisit; sur ce bout de calcaire, un dessin.

Elle frémit.

Une femme; elle est allongée par terre; elle est nue, les jambes écartées; il y a du vin, de la bière, des jarres, des hommes qui ressemblent à des singes; ils vont vers cette femme en riant; en haut, un nom: « Babylonia ».

Elle ne comprend pas, elle chancelle, les paroles de son père reviennent; elle hésite, regarde les

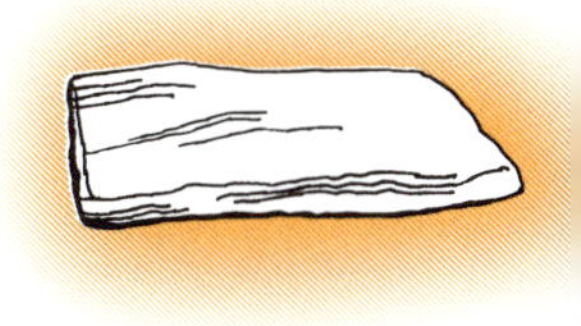

polissoir

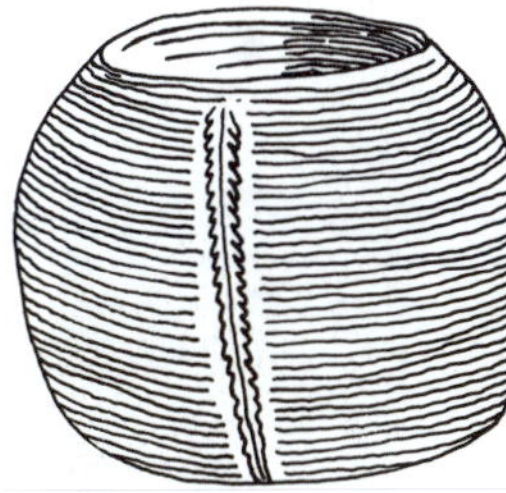

panier

paniers : c'était bien sa corbeille à lui ; elle voit l'ostracon dans sa main, elle a peur, le lâche aussitôt : il tombe sur le sol, se fracasse.

Les genoux qui cognent, elle se sauve, le polissoir à bout de bras ; elle est déjà dans l'atelier.

Mipou lui sourit, tend sa main.

Elle lui donne l'objet en tremblant – il n'a rien remarqué –, reprend sa place ; elle est glacée, crispe ses muscles.

– Neith, ma gazelle, pardonne-moi. Je ne pourrai pas te voir ce soir. Un client me retient chez lui.

Elle comprend, qu'il ne s'inquiète pas, alors... alors... elle restera seule dans sa chambre, dans sa petite chambre du harem, comme chaque soir qu'ils passent séparés.

– Merci, ma colombe. Je n'aime que toi.

Elle le regarde ; il lui sourit ; elle ne bouge plus ; il est joyeux ; elle le voit se remettre à l'œuvre, musculeux, majestueux... lointain.

Elle a les yeux remplis de larmes.

– Entre. Assieds-toi.

L'homme sortit de l'obscurité, se rapprocha avec lenteur et prit place dans un grand fauteuil. Le teint blafard, la barbe sale, il posa sur le prêtre un œil froid.

– Alors ? fit ce dernier, impassible.

– C'est fait.

Le vieil homme l'observa.

– Es-tu bien sûr qu'elle l'a trouvé ?

– Oui. J'avais déposé l'ostracon sur un outil qu'elle devait prendre, et puis…

L'homme eut un sourire impudent.

– À son retour dans l'atelier, elle avait le visage défait.

L'expression du prêtre s'assombrit ; mais il se reprit aussitôt.

– Comment as-tu fait pour ton frère ?

L'artisan fit une moue cynique.

– J'ai dû lui jurer sur mon *djet* que j'avais vu sa bien-aimée dans la maison de bière un soir qu'ils n'avaient pas passé ensemble. D'abord, il a refusé de me croire, mais comme je n'en démordais pas, son inquiétude s'est installée.

Il fixait le vieillard sans faiblir.

Ce dernier dut baisser les yeux.

– Voilà ton or. Maintenant, va-t'en.

L'artisan prit la bourse à pleine main et s'en alla sans se presser, sous le regard de l'autre, absent.

Après qu'il eut rejoint la nuit, le vieil homme resta immobile, le front martelé de pensées ; un combat occupait son âme.

Finalement, ses traits se durcirent ; il ouvrit ses lèvres serrées :

– Laissons le doute produire son œuvre. Rien de mieux pour briser un couple…

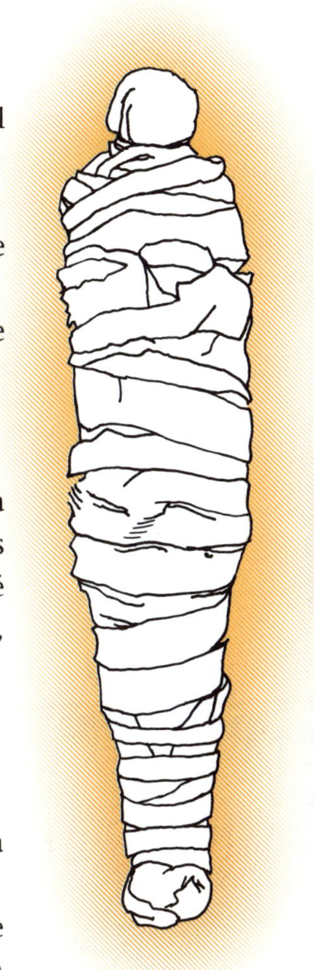

***djet*, corps qui sera momifié**

Elle est allongée dans sa chambre, yeux ouverts, il fait noir, elle tremble, dans sa tête les mots se bousculent, douloureux, les mots de son père : « maisons de bière, vauriens, des femmes, véreux, bière brune, vin, miel, ses frères » ; elle ne comprend plus ; elle croyait ; il faut savoir ; mais elle sanglote ; elle se ressaisit, courageuse. Il faut savoir ; il faut savoir…

Elle est assise dans un fauteuil à grand dossier, le dos droit ; elle ne tremble plus. La petite flamme d'une lampe éclaire les objets posés sur son guéridon : un miroir, une palette, des pots, des coffrets, des vases, des cuillers ; elle prend le miroir dans la main, se regarde, le repose, hésite, respire lentement ; elle se lance…

palette à fard

Avec les cuillers elle saisit les fards contenus dans les boîtes, fait des mélanges sur la palette, étale les couleurs sur sa peau : la nuit envahit ses paupières, un vert criard couvre ses cils, ses lèvres deviennent écarlates, ses joues se couvrent d'un blanc d'albâtre ; d'un vase elle retire une perruque qui regorge de nattes tressées, la revêt d'un baume enivrant, l'enfonce, huileuse, sur son crâne ; d'un coffret elle sort des bandeaux, des bracelets, des bagues, les enfile ; elle reprend le miroir, regarde.

Le reflet montre une inconnue.

Plus de beauté, ni d'agrément, ni d'élégance, ni de noblesse ; c'est l'âme entière qui est pervertie.

Neith va sangloter, se reprend ; il faut savoir, il faut savoir...

Elle sort du harem comme une ombre – à part quelques prêtres absorbés par le culte perpétuel d'Hathor, le temple entier est endormi –, se retrouve dans les rues désertes, murmure aux fantômes qui divaguent : « Babylonia ? Babylonia ? » ; ils la dévisagent, ils rigolent, ils lui indiquent, veulent la toucher ; elle s'enfuit, elle est déjà loin, s'enfonce dans les lieux interlopes, aperçoit les flammes aux fenêtres, entend les tambourins qui claquent, hésite une dernière fois, s'engouffre...

Des odeurs capiteuses l'assaillent, embrument les images dans ses yeux : des femmes, leurs visages obscènes, leurs rires, leurs corps boursouflés, les colliers de fleurs à leur cou, leurs ongles noirs, les tatouages qui couvrent leurs cuisses, elles caressent des rustres qui hurlent, chancellent, s'écroulent ; les gobelets de bière fracassés, le vin doux, les coussins, les lits. Neith se réfugie dans un coin, veut que cet enfer disparaisse ; elle ferme les yeux, se reprend, les ouvrent grand et regarde tout : une femme vêtue d'un seul collier agite les cordes de sa lyre en offrant sa bouche à qui veut, une autre retire sa perruque sous les yeux lubriques d'un vieillard, une autre...

Il est là.

Son sang s'est glacé.

Une peau d'ébène le dissimule – la catin l'enserre de ses bras – mais il jette des coups d'œil vers Neith – elle est pourtant méconnaissable ; elle le regarde, désespérée, ne peut plus détacher ses yeux ; il fallait savoir, il fallait !

Une odeur fétide dans son cou, elle sursaute : une bête qui l'embrasse ; ses jambes se dérobent, elle panique, hurle sans pouvoir entendre ses cris !

Fuir !

Des mains rugueuses accrochent son pagne, arrachent sa perruque... elle s'évade, se retrouve dans la rue blafarde, court droit devant, éperdue – ses jambes qui l'emportent –, aperçoit au loin les marais, les premières brumes, l'ombre du fleuve ; elle ralentit – ses pieds nus sur la terre humide –, elle ne sent plus rien, elle avance vers l'onde insondable qui miroite, le Nil ténébreux et serein ; une genette crépite dans les feuilles, un loriot s'envole d'une ombelle ; elle ne voit plus, elle continue ; l'eau qui clapote sur ses chevilles, elle n'entend rien, elle est ailleurs, elle inspire l'air une dernière fois, le fleuve l'étreint comme un amant.

Rien ne la retient de mourir...

Le prêtre est tombé à genoux, visage pétrifié, lèvres ouvertes ; ses mains raclent sol, amorphes ; aucun son ne sort de sa bouche.

Dans l'encadrement de la porte, Mipou a soufflé quelques mots.

loriot

forme d'une ombelle

genette

Pagne mouillé, torse livide, visage de pierre, le jeune homme est un mort-vivant. Dans ses bras se trouve la noyée au corps boursouflé et jauni ; les fards verts et noirs délavés ont rendu sa figure obscène.

Mipou lève un pied fatigué ; le vieil homme est déjà debout, les bras tendus, qui tremblent, implorent ; il reçoit le corps de sa fille comme un misérable une offrande.

L'amant d'hier n'ajoute plus rien ; il s'en va, laissant le vieux seul.

Ce dernier demeure immobile, puis lentement, ses jambes s'ébranlent ; elles marchent sans savoir où aller ; au milieu de la pièce, il s'écroule, son front en plein sur le cadavre.

Et pleure.

– Mon bébé, ma fille, mon amour, je ne voulais pas, je ne voulais pas... pardonne-moi, je t'en prie... pardon !

Les sanglots recouvrent ses plaintes.

– Je voulais juste... je t'aimais trop ! Je voulais le meilleur pour toi ! Si je pouvais, Neith, je le jure... Je donnerais tout, mon corps, mon *shout*, mon *ib*, mon *akh* ! Je te donnerais tout, aie pitié !

Il fixe les yeux clos de la morte, passe une main sur sa joue gonflée.

– Tu étais... tout l'amour du monde ! Mais je n'ai pas su, n'ai rien vu... Tu étais ma joie, tu étais ma vie, tu étais mon Hathor incarnée ! Ta seule présence gonflait mon cœur, ton parfum emplissait mon âme, je rajeunissais à te voir, tu comblais mes nuits et mes jours... Toi... maintenant... dans l'autre monde... je t'en supplie, Neith, aie pitié ! Comment pourrais-je t'aimer encore ?

– L'amour en soi est une prière.

Le cœur du prêtre s'est arrêté ; il fixe les lèvres de la morte : immobiles ; pourtant le cadavre a parlé.

– Hathor... lâche-t-il avec effroi.

La voix reprend ; il ne bouge plus.

– Quand tout espoir a disparu, le reste d'amour qui survit tel une prière s'élève aux cieux où la mère des mères, bienfaisante, étend ses deux bras secourables.

Le prêtre n'ose plus respirer ; la voix enchaîne, douce et placide :

– J'étais préparée à mourir. J'entrais dans le fleuve de l'oubli. Mais brusquement... un doux parfum, comme un effluve, ma narine a frémi d'elle-même... L'arôme du lys l'a réveillée... Je me tourne et, parmi les fourrés, j'aperçois Mipou... Il me voit... Lui aussi voulait en finir... Mais alors qu'il entrait dans l'eau, un parfum de miel l'a sauvé...

Le vieil homme tremble de bout en bout.

– Nous courons l'un vers l'autre, effrénés... Nos corps ont leur propre mémoire... Nous nous

shout, ombre du défunt

hiéroglyphes signifiant « *ib* » (cœur intérieur, siège de la pensée)

touchons, nous nous parlons, nous comprenons vite toute l'affaire…

Le cadavre se lève aussitôt.

Le prêtre est pâle comme la mort.

Neith ôte le masque qu'elle portait, la cire que Mipou a sculptée sur sa peau fraîche et palpitante pour lui donner l'aspect d'une morte, puis elle fixe son père, radieuse.

Le vieux prêtre sanglote de joie.

hiéroglyphe signifiant « *akh* »
(sorte de lumière divine de l'être)

Champollion (1790-1832)
et la Pierre de Rosette
(IIe siècle av. J.-C.)

LA MALÉDICTION D'OUSERHAT

ou

L'Égypte, joyau éternel

Sur le quai, il n'y a pas grand monde. Quelques voyageurs, tranquilles, sont assis sur les bancs de bois, leurs sacs posés sur les genoux : une mère et sa fille qui chuchotent ; une vieille dame, yeux dans le vague, serrant une boîte de chocolats ; des paysans qui lisent le quotidien du jour, costume trop large, cigarette brune au coin des lèvres.

Les oiseaux murmurent dans les arbres et les feuilles frémissent sous le vent ; un vent chaud qui racle la terre mais secoue mon corps de frissons.

Machinalement, mes doigts agrippent la statuette dans la poche de ma veste.

Un bourdonnement : le train approche.

Le wagon entre en gare, poussif. Il s'immobilise avec peine. Les voyageurs, déjà debout, attendent qu'il cesse complètement de grincer; lentement, ils montent tous à bord.

J'observe le quai: plus personne; je gravis les marches à mon tour.

Coup d'œil rapide à l'intérieur: la rangée au coin est déserte; je la rejoins, glisse dans le siège.

La statuette calée sur le ventre, je ferme les yeux.

Et brusquement, tout me revient...

– Je peux courir jusqu'au village! Il me faut dix minutes, à peine! Le temps de trouver le docteur, nous reviendrons sur son vélo avec le remède qui convient et vous serez tiré d'affaire!

J'étais complètement paniqué, je tremblais des pieds à la tête.

Il eut un mouvement de la main en même temps qu'un sourire étrange.

Je sentis le calme m'envahir.

Il me faisait signe d'approcher; je ne pouvais pas lui refuser.

À peine au chevet de son lit, j'aperçus de près le teint pâle, les cernes autour des yeux brillants; ma peur ressurgit aussitôt:

– Mais monsieur, vous allez très mal!

Sa vieille main effleura la mienne.

– S'il te plaît, plus de « monsieur ». Depuis le temps qu'on se connaît... Cinq ans? Six ans? J'ai oublié... Depuis que j'habite la montagne.

Je baissai les yeux aussitôt.

– Et puis, bien que j'aie l'âge d'être ton grand-père… Marc, tu es mon seul ami.

Le rouge me monta au visage.

– Appelle-moi Jean-François, veux-tu ?

– Jean-François.

– Oui… comme le prénom de Champollion, l'homme qui parvint à déchiffrer les hiéroglyphes d'Égypte antique dont on avait perdu le sens et cela, sans l'aide de personne, en comparant les trois versions d'un texte gravé en deux langues sur une stèle nommée Pierre de Rosette.

– Pierre de Rosette ?

Il sourit.

– Billet.

Je sursaute.

Le contrôleur : il me regarde.

Je me lève, plonge une main dans ma poche arrière – l'autre agrippe encore la statuette –, lui tends un papier tout froissé.

Il vérifie, me toise un peu.

– Changement à Paris ?

– À Paris.

Je soutiens son regard, vaillant. Il s'en va. Je peux respirer.

Je glisse dans mon siège, me souviens…

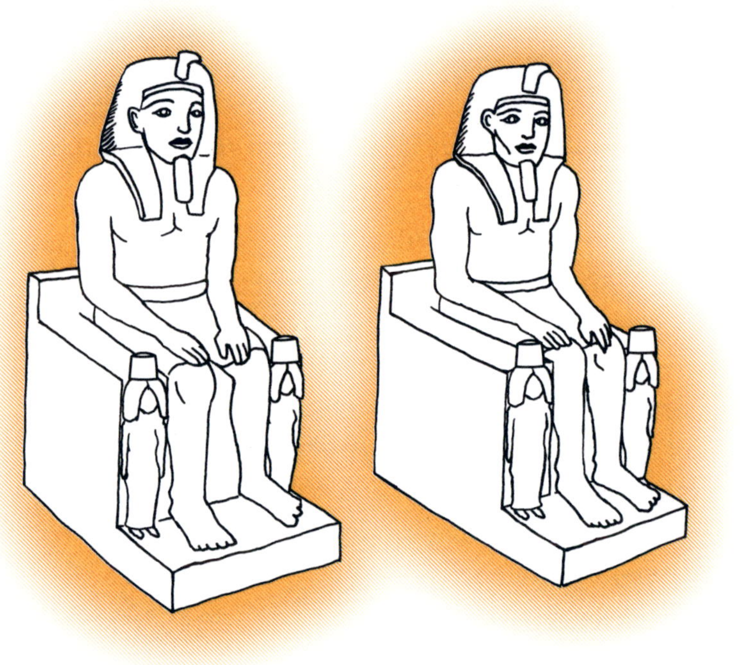

colosses
de Memnon
(XIVe siècle av. J.-C.)

– Cette mort, je l'ai méritée. J'ai accompli l'irréparable. Je croyais pouvoir y échapper mais tôt ou tard, la justice prime.

Le sang affluait dans mes veines. Je devais paraître effrayé car il posa sa main fripée sur mon épaule dure comme la pierre.

– Ne t'inquiète pas. Tu vas comprendre.

Ces paroles agirent comme un baume.

– Ma vie, tu la connais peu. Je ne t'ai raconté que des bribes lorsque la nostalgie venant, je voulais épancher mon cœur. Et toi, qui m'écoutais sans m'interrompre, tu n'osais rien me demander. Ta discrétion me touche encore.

Il se tut – j'avais du mal à le fixer –, prit une longue inspiration, continua :

tombes du Serapeum (XIVe siècle av. J.-C.)

– Jadis, j'étais archéologue. Tu n'as pas oublié cela. Ma vie durant, j'ai fouillé la terre pour trouver les traces du passé. Chaque découverte m'émerveillait et m'emplissait d'une joie profonde. Bijoux, objets du quotidien, fragments d'artefacts inconnus, que des hommes aient pu les toucher leur donnait une valeur immense. Je sentais ces êtres si proches et parvenais à les comprendre. En retour, c'est moi que je comprenais.

J'eus un frisson involontaire qu'il fit semblant de ne pas voir.

– L'Égypte était ma grande passion. Pyramides, temples, hypogées, villages recouverts par les sables, momies aux yeux de vivants, signes magiques des papyrus, les colosses de Memnon, à Thèbes, le

grand temple d'Abou Simbel (XIIIe siècle av. J.-C.)

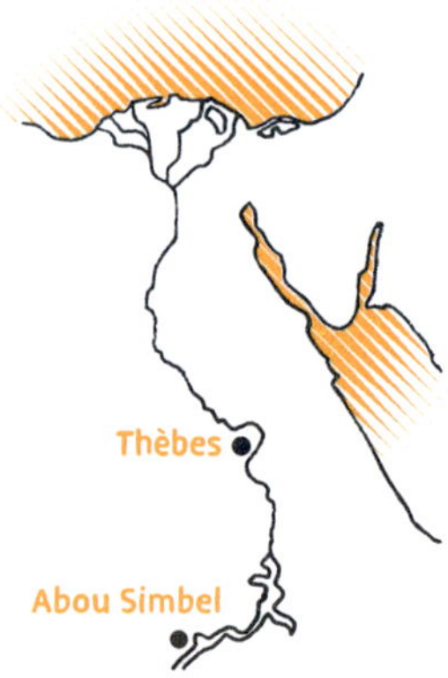

Serapeum de Memphis et ses tombes de taureaux divins, Abou Simbel et ses façades, les Deux Terres, le Nil grandiose et bienfaisant, je les ai vus, touchés, compris !

Il prit le temps de s'apaiser.

– C'était lors de ma dernière fouille avant mon départ en retraite. Quarante ans d'une vie de recherches allaient prendre fin ce jour-là. Je rentrais à Paris le lendemain pour ne jamais revoir l'Égypte. Mon émotion était certaine, même si je ne laissais rien paraître... La tombe que nous avions mise au jour, mes collaborateurs et moi, était celle d'un juge du Nouvel Empire qui avait pour nom Ouserhat. Elle contenait les objets courants : les meubles, les vases,

les poteries. Je terminais de l'inventorier quand je m'aperçus qu'une statuette avait échappé au compte. Il s'agissait d'un oushebti, une figurine en terre sculptée afin d'effectuer pour le mort les travaux des champs exigés durant sa vie dans l'au-delà. Elle représentait le défunt, se tenant droit comme une momie, le corps recouvert d'émail bleu brillant d'un éclat surréel. Est-ce la beauté de la statuette? Est-ce l'émoi de ce dernier jour? L'assurance qu'on ne saurait jamais? Ou bien autre chose, de plus fort? Je l'ignore mais n'hésitai pas: je subtilisai l'oushebti, bien décidé à le faire mien… Bien sûr, j'avais lu les avertissements gravés sur les murs de la tombe: « Malheur à quiconque dérangerait le repos glorieux d'Ouserhat, car alors la justice divine serait pour lui impitoyable! » Je me souvenais aussi des hommes qui avaient troublé Toutankhamon, en mettant au jour son tombeau regorgeant de richesses inouïes: ces archéologues étaient morts, l'un après l'autre, dans des circonstances mystérieuses… Mais mon désir était plus fort: je rentrai avec l'oushebti.

Il ferma les yeux lentement.

– Et la malédiction me frappa.

La sueur recouvrait mon front.

– Ce fut une voiture, un matin, qui manqua de me percuter en rognant un bout de trottoir. Je plongeai au sol par réflexe et brisai ma main sur l'asphalte. Le pauvre conducteur, choqué, ne put parvenir à comprendre sa perte de contrôle subite… Une autre fois,

oushebti

Toutankhamon (XIVe siècle av. J.-C.)

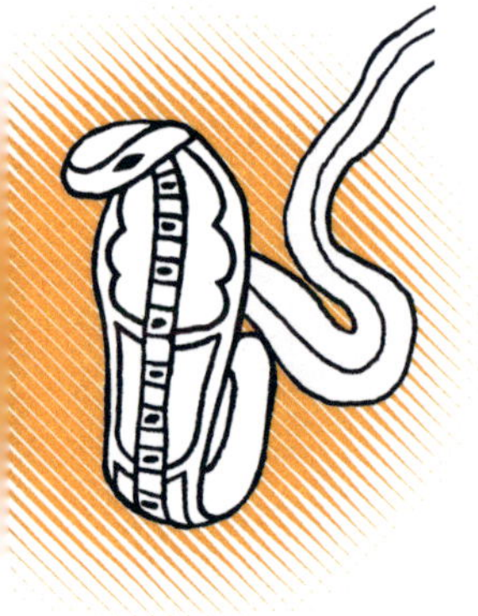

Ouadjet, déesse cobra

c'est un parpaing, tombé d'une tour en construction, qui vint s'écraser à mes pieds. Or ce jour était un dimanche et le chantier était désert… Puis des maux étranges m'assaillirent : une fièvre sans cause apparente me fit délirer plusieurs jours ; je sombrai dans un long coma à la suite d'une grippe anodine… La nuit, chez moi, quand la ville s'endormait enfin et la crainte délaissait mon âme, je prenais la statuette en main, la contemplais, la caressais, et ma vie sur les bords du Nil revenait d'un coup en mémoire… Je crus pouvoir tromper le sort. Je finis par quitter la ville, source de tous les dangers. Je m'installai dans la montagne, à quelques pas de ton village. Pendant longtemps, je fus tranquille. Je crus qu'on m'avait oublié. Mais les dieux se souviennent toujours. L'aspic qui m'a mordu, hier, lorsque je marchais dans les herbes, c'était Ouadjet, la déesse serpent, venue accomplir sa vengeance !

– Mais pourquoi avoir pris la statuette si vous saviez ce qui allait suivre ?

Je lâchai ces mots d'un seul coup, tant la question me taraudait.

Ses yeux se rivèrent sur les miens ; j'y vis la brillance du soleil.

– C'est qu'elle était ma part d'Égypte… et l'Égypte est plus belle que tout.

Le haut-parleur : je me réveille ; les autres sont déjà sortis.

Je déboule sur le quai de gare : bondé ; les gens qui circulent en tous sens et paraissent tous si pressés.

À peine dans la rue, je me fige : Paris est là, immense, réelle.

Je la contemple sans le vouloir : immeubles, voitures, magasins ; tous les bruits, les senteurs nouvelles… mais il n'y a pas de temps à perdre : un second train, une autre gare, il faut que j'y sois dans une heure.

Je me mets aussitôt en marche, m'engouffre dans une avenue. Je connais le chemin par cœur : la carte est gravée dans ma tête.

La statuette serrée dans le poing, je file sans plus penser…

– Trois mille ans, trente et une dynasties, quelque trois cents pharaons, ce fut la plus longue civilisation de l'Antiquité et l'un des premiers États de l'histoire.

– Et durant tout ce temps, pas grand-chose ne changea ?

– Pas grand-chose, imagine-toi. Les croyances, les coutumes, les institutions évoluèrent, bien sûr, mais si peu, au regard des changements qui affectent le monde d'aujourd'hui.

Son visage prit un air soucieux.

– Il y eut pourtant quelques ruptures.

J'étais suspendu à ses lèvres.

– Akhenaton.

Akhenaton, sa femme Néfertiti et leurs enfants (XIVe siècle av. J.-C.), sous le disque solaire d'Aton

– Akhenaton?

– Il s'imposa sur les Deux Terres au cours du Nouvel Empire. Avec lui, c'est religion et société qui furent en même temps ébranlées : Amon, dieu dynastique, autant que son puissant clergé, furent attaqués au nom d'Aton, dieu du disque solaire, dont il se présenta comme l'unique médiateur. Contrairement aux autres divinités, Aton ne souffrait aucune concurrence et voulait qu'on n'honore que lui.

– Son culte parvint-il à s'imposer sur celui des autres dieux?

Il eut un sourire malicieux.

– Dans un royaume grand comme l'Égypte où chaque ville avait ses propres divinités, les traditions étaient trop fortes pour qu'un seul homme, fût-il le roi, pût imposer sa seule croyance… Le culte d'Aton disparut avec la mort d'Akhenaton. Mais durant les dix-sept ans que régna ce pharaon iconoclaste, les canons millénaires de l'art furent profondément bousculés : délaissées les silhouettes figées et les expressions de rigueur ; avec lui, le trait devint plus organique, plus sensible, plus spontané ; les formes gagnèrent en rondeur, de manière parfois excessive ; les défauts physiques furent montrés tout autant que les qualités ; le naturel prit le dessus et avec lui, l'expression nouvelle de l'amour !

La Seine qui s'écoule à ma droite, qui semble m'indiquer la route.

Je longe sa berge, le pas léger, mais une crainte grandit dans mon cœur : le courant qui emporte tout réduit le passé à néant.

Brusquement, une sourde présence… je me retourne.

Le soulagement : les quatre tours en coin de la Bibliothèque nationale de France, garantes des siècles éphémères, veillent silencieusement sur la ville…

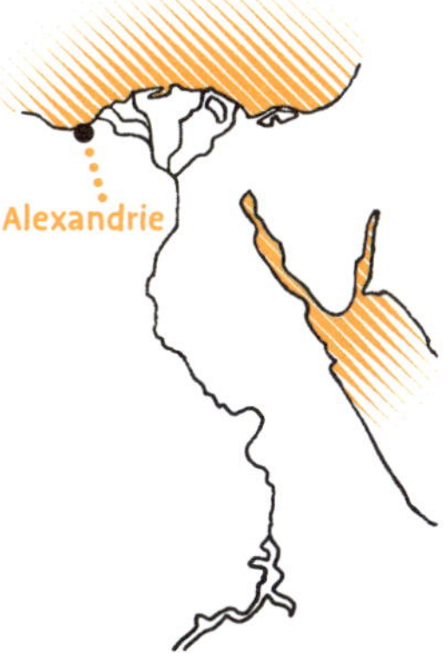

– L'incendie qui se déclara quand César captura la ville eut des conséquences désastreuses. Alexandrie,

qu'Alexandre avait édifiée, était un centre culturel majeur et sa bibliothèque rassemblait à peu près sept cent mille ouvrages. Nombre de ces papyrus disparurent sans doute dans les flammes et ainsi, tout un pan de l'Égypte ancienne quitta les mémoires à jamais…

Mes jambes se sont arrêtées d'elles-mêmes : devant moi, au cœur de la grande esplanade, la pyramide en verre du Louvre resplendit comme un diamant.

Autour, les façades cendrées du musée la parent d'une monture vénérable.

Les étages de l'Égypte antique, Jean-François m'en a tant parlé ! Je brûle de me joindre aux touristes qui patientent sagement en ligne.

Mais la mission passe avant tout…

pyramide du roi Djoser (vers XXVIIe siècle av. J.-C.)

– Près de Memphis, à Saqqara, la pyramide du roi Djoser, célèbre monarque de la IIIe dynastie, est la plus vieille que l'on connaisse. Sa forme en gâteau de mariage rappelle encore les mastabas, ces édifices rectangulaires qui servaient eux aussi de tombes aux grands personnages de l'époque. Son concepteur fut Imhotep, l'un des plus anciens architectes…

– Quand les surfaces devinrent-elles lisses ?

mastaba

– Il fallut attendre Snéfrou, un peu moins d'un siècle plus tard. Mais c'est surtout son fils Khéops qui marqua l'histoire à jamais : à Gizeh, en bordure du Caire, se trouve son immense pyramide,

flanquée par celles de ses descendants, Khéphren et Mykérinos. Elle reste la plus grande qui soit… Lors de sa campagne d'Égypte qui fit renaître l'intérêt pour la culture des pharaons, Napoléon estima même que les pierres formant l'édifice auraient permis d'élever un mur de trente centimètres d'épaisseur et trois mètres soixante de hauteur sur toutes les frontières terrestres de France!

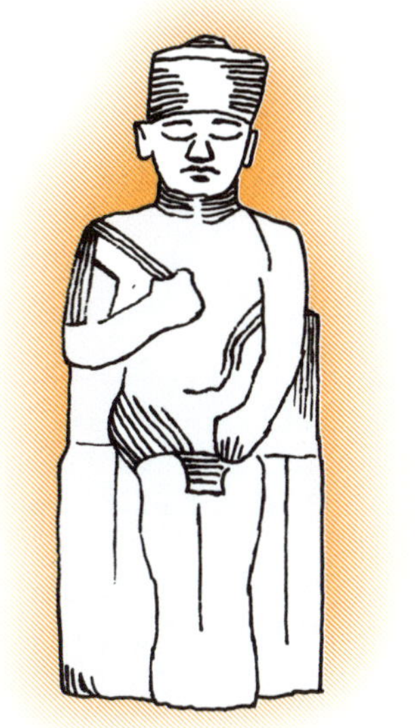

Khéops (XXVIe siècle av. J.-C.)

La marche devient difficile: les trottoirs sont maintenant bondés.

Les vêtements bigarrés, les visages; les bribes de langues inconnues. Sur les enseignes des échoppes, des traits, des ronds, comme des symboles; signes chinois, hindis, arabes. Un de ces quartiers populaires…

Les bruits, les odeurs se complètent: jasmin, curry, thé, eau de rose.

Je ne savais pas la ville si riche…

– On se méfiait des étrangers et l'humiliation était grande quand ils s'emparaient du pouvoir. Ce fut de nombreuses fois le cas dans la longue histoire de l'Égypte. Avant que le royaume ne tombe sous la domination des Grecs, puis ne disparaisse complètement avec l'arrivée des Romains, il vit des peuples alentour occuper les plus hautes fonctions: Libyens, Éthiopiens, Perses installèrent leurs propres pharaons et régnèrent des centaines d'années.

Ramsès II (XIIIe siècle av. J.-C.)

– Les étrangers n'eurent rien de bon?

Ma question sembla le ravir.

– Détrompe-toi, Marc, au contraire... Grâce au savoir-faire des Hyksos, ces guerriers venus du Levant qui furent les maîtres plus d'un siècle, l'Égypte put développer ses armes et utiliser le cheval pour tirer ses chars de combats, ce qui lui permit par la suite d'obtenir de très grandes victoires. Et puis, surtout...

Son air devint admiratif.

– Ramsès II le grand bâtisseur: la salle hypostyle de Karnak et la cour à portiques de Louxor, toutes

Ramesseum (XIIIe siècle av. J.-C.)

deux à Thèbes comme son « temple de millions d'années » qu'on surnomme le Ramesseum, ces belles constructions et bien d'autres bénéficièrent, pour voir le jour, de l'aide précieuse des étrangers. Des Syriens tiraient les pierres des carrières, des Hébreux façonnaient les briques, des prisonniers de tous les âges, butin mérité des conquêtes, fournissaient une main-d'œuvre facile qu'il importait juste de nourrir !

– Pardon, Mademoiselle !

Où ai-je la tête ? J'ai bien failli la renverser !

Elle me regarde ; elle est très belle : sa peau est cuivrée, son nez droit.

Ses yeux noirs sont immenses.

Elle sourit…

temple funéraire d'Hatchepsout
(xve siècle av. J.-C.)

Hatchepsout
(xve siècle
av. J.-C.)

– Jamais les femmes ne furent aimées comme au temps de l'Égypte antique. Elles avaient presque les mêmes droits que les hommes, jouissaient d'une grande liberté et bien que la majorité d'entre elles durent se cantonner au foyer, beaucoup remplirent de hautes fonctions…

– Cléopâtre ?

Jean-François éclata de rire.

– Ce n'était pas qu'une Égyptienne : ses aïeux venaient de Macédoine ! Et le royaume, en ce temps-là, avait déjà beaucoup changé. Les femmes étaient moins autonomes. Depuis la conquête d'Alexandre, les Grecs dirigeaient le pays et s'ils continuaient tout de même à se couronner pharaons, c'était pour satisfaire le peuple… Je préfère parler d'Hatchepsout.

– Qui était-elle ?

– À l'époque, le pays était sorti depuis longtemps de l'ère de trouble politique, nommée « période intermédiaire », comme il y en eut trois dans l'histoire. Hatchepsout prolongea la paix et la prospérité en Égypte. Elle envoya des hommes au Liban trouver du bois pour les bateaux, ramena du pays de Pount quantité d'or, de myrrhe, d'ivoire, fit ériger des édifices à l'architecture très diverse comme son temple funéraire de Thèbes avec ses terrasses successives et la Chapelle Rouge de Karnak, faite pour loger la barque d'Amon…

Chapelle Rouge (XVe siècle av. J.-C.)

Un sifflement.

Je déboule sur le quai, à bout de souffle, franchis la porte à l'instant même où la carcasse du train s'ébranle.

Dedans, des yeux inquiets se braquent sur moi ; je dois ressembler à un fou : le sang qui afflue aux joues, les vêtements qui collent à la peau. J'ai couru les derniers cent mètres ; trop de temps perdu à rêver…

Je trouve ma place sans faire de vagues. Une vieille dame, à ma droite, m'observe : ses traits sont doux ; elle n'a pas peur.

Je sens qu'elle me ferait confiance…

Sa voix tremblait dans les aigus ; je ne percevais de lui rien d'autre ; j'avais les yeux remplis de larmes et son visage disparaissait comme une empreinte sur le rivage.

– Tu le feras, Marc ? Tu promets ?

Je voulus crier ma réponse mais rien ne sortit de ma bouche. Alors je serrai sa main fort, le plus fort que je pouvais.

Et sentis qu'il faisait de même.

– Merci... Merci... Il le fallait... Pour lui, pour moi, pour tous les autres qui croient encore... Le monde d'aujourd'hui a perdu la magie de l'Égypte ancienne... Cette confiance dans les mots, les images, dans leurs pouvoirs illimités... Cette confiance, cette croyance intime, qui faisait le bonheur du monde... Merci, Marc... Mon ami... Merci.

Je sors de la gare : c'est le calme ; une ville de province qui sommeille par un après-midi d'été.

Quelques voitures, au ralenti ; des piétons épars cheminant à l'ombre des balcons déserts ; les magasins aux stores baissés ; le vent qui rase l'asphalte tiède.

Je me mets en marche, décidé.

Sur le boulevard, les marronniers, de part et d'autre, s'étirent en deux lignes parallèles ; à l'angle de l'unique cinéma, une ruelle monte au vieux quartier.

Les maisons aux toits de tuiles rouges ; les pavés qui tapissent le sol ; sur les pas des portes, silencieux, des vieillards tranquilles me regardent.

Puis c'est le soleil, brusquement : la place centrale de la cité, avec sa fontaine, ses arcades, ses jardinières remplies de roses.

J'avance droit devant ; je ne pense plus ; les deux mains serrées dans ma veste.

Une lourde porte : elle est ouverte ; au-dessus, le linteau gravé : « Musée de l'Égypte ancienne » ; fierté de la ville endormie.

Mon pouls s'accélère ; je pénètre...

Il n'a pas bougé, le vieux garde en uniforme bleu défraîchi.

Assis sur un banc, dos au mur, derrière de grosses lunettes opaques, il émet un mince sifflement chaque fois que son ventre s'affaisse.

Mes pas se font à peine entendre ; je glisse dans la salle comme une ombre.

Les présentoirs, de toutes les tailles, sont couverts d'une couche de poussière.

Sur un piédestal, une réplique accroche de biais mon regard : celle de la palette de Narmer, l'homme qui rassembla les régions de la Haute et de la Basse-Égypte, devenant le tout premier roi de ce pays maintenant uni.

Je connais l'histoire ; je progresse.

Un chadouf, en bois d'origine, occupe la largeur d'une estrade.

Mes yeux survolent le balancier qui extrayait l'eau des canaux pour la répandre sur le sol.

palette de Narmer (XXXe siècle av. J.-C.)

chadouf

uraeus,
cobra protégeant
Pharaon

L'irrigation des bords du Nil s'en trouva bien facilitée…

Coup d'œil en arrière vers le garde : son ventre se soulève toujours ; ne pas gaspiller cette aubaine ; je force le pas ; je m'enfonce.

Sous une cloche de verre, étincelant, un uræus d'or et de gemmes, ôté de sa coiffure royale.

Je l'ai dépassé mais me fige : contre le mur gît

fausse porte
d'un mastaba

une fausse porte, la stèle qui permettait au mort de rendre visite aux vivants.

Mon cœur s'est emballé; je tremble; quelques pas de plus…

La voilà.

La momie dans le sarcophage sous la vitrine climatisée.

Le ronron de l'air qui circule me donne l'impression qu'elle respire.

Est-ce que je deviens fou ?

Autour d'elle, ses objets intimes, disposés comme dans l'hypogée.

Puis le cartel, rivé au sol, laconique et qui me foudroie : « Ousehart, juge, Nouvel Empire ».

Je ne me tourne plus vers le garde ; j'ai pris la statuette de ma poche – mon cœur s'est arrêté de battre –, la place dans le groupe d'oushebti – un de plus, on ne verra rien… –, reviens sur mes pas comme une flèche, dépasse le vieil homme qui sommeille.

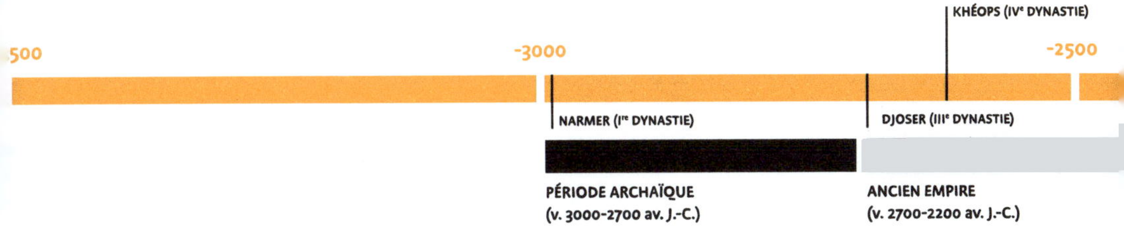

Dehors : le soleil d'été.

J'ai chaud, je tremble en même temps.

Je viens de laisser derrière pas moins de trois mille ans d'histoire !

Je voudrais pleurer mais je ris.

L'Égypte, la magie, la beauté !

Le bonheur sur les rives d'un fleuve !

Les rues m'entraînent, le train m'emporte.

Mes larmes coulent mais je suis bien.

Ouserhat, Jean-François, mes frères...

Maintenant, vous reposez en paix.

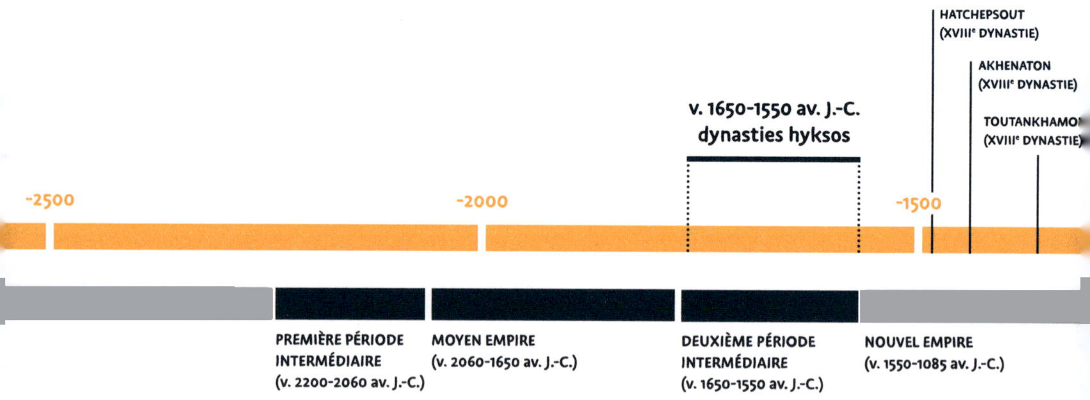

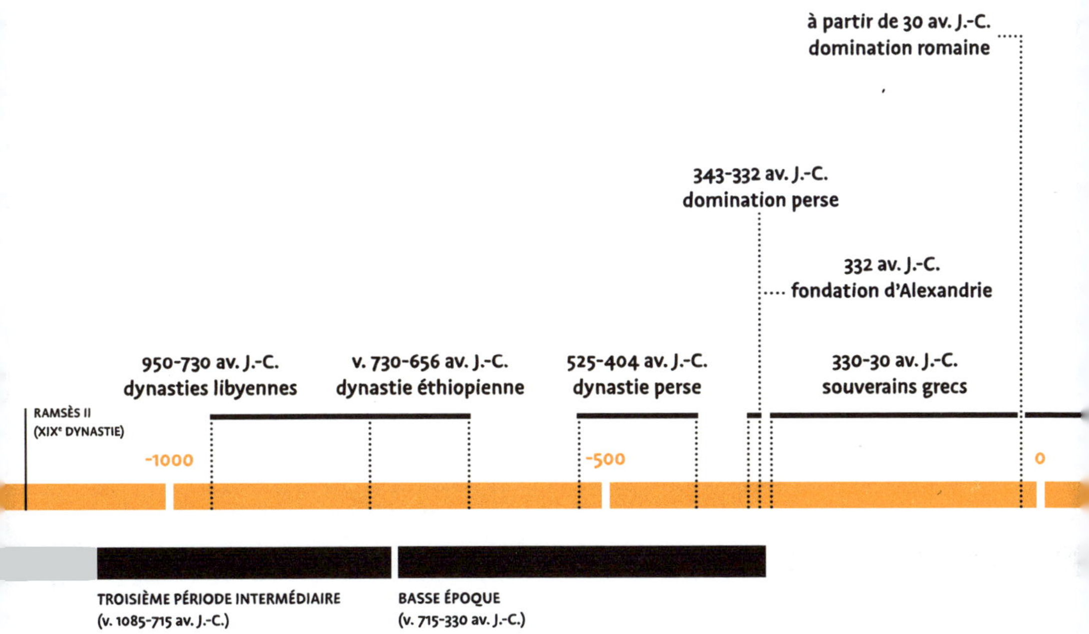
à partir de 30 av. J.-C.
domination romaine
343-332 av. J.-C.
domination perse
332 av. J.-C.
fondation d'Alexandrie
950-730 av. J.-C.
dynasties libyennes
v. 730-656 av. J.-C.
dynastie éthiopienne
525-404 av. J.-C.
dynastie perse
330-30 av. J.-C.
souverains grecs
RAMSÈS II
(XIXe DYNASTIE)
-1000
-500
0
TROISIÈME PÉRIODE INTERMÉDIAIRE
(v. 1085-715 av. J.-C.)
BASSE ÉPOQUE
(v. 715-330 av. J.-C.)

TABLE DES MATIÈRES

Achevé d'imprimer sur les presses
de Dar El Kotob — Dots à Beyrouth en janvier 2015